DO
ATO AO
PENSAMENTO

Dados Internacionais de Catalogação na Publicação (CIP)
(Câmara Brasileira do Livro, SP, Brasil)

Wallon, Henri, 1879-1962.
　　Do ato ao pensamento : ensaio de psicologia comparada / Henri Wallon ; tradução de Gentil Avelino Titton. 3. ed. – Petrópolis, RJ : Vozes, 2023.

　　Título original: De l'acte à la pensée.
　　ISBN 978-65-5713-840-3

　　1. Crianças – Desenvolvimento 2. Cognição em crianças
3. Imaginação 4. Pensamento 5. Raciocínio em crianças
I. Título. II. Série.

08-07695   CDD-155.413

Índices para catálogo sistemático:
1. Pensamento : Construção : Psicologia infantil
155.413

DO ATO AO PENSAMENTO

ENSAIO DE PSICOLOGIA COMPARADA

HENRI WALLON

Tradução de Gentil Avelino Titton

EDITORA VOZES

Petrópolis

© 1978, by Ernest Flammarion

Tradução realizada a partir do original francês intitulado
De l'acte à la pensée essai de psychologie comparíe.

Direitos de publicação em língua portuguesa:
2008, Editora Vozes Ltda.
Rua Frei Luís, 100
25689-900 Petrópolis, RJ
www.vozes.com.br
Brasil

Todos os direitos reservados. Nenhuma parte desta obra poderá ser reproduzida ou transmitida por qualquer forma e/ou quaisquer meios (eletrônico ou mecânico, incluindo fotocópia e gravação) ou arquivada em qualquer sistema ou banco de dados sem permissão escrita da editora.

CONSELHO EDITORIAL

Diretor
Volney J. Berkenbrock

Editores
Aline dos Santos Carneiro
Edrian Josué Pasini
Marilac Loraine Oleniki
Welder Lancieri Marchini

Conselheiros
Elói Dionísio Piva
Francisco Morás
Gilberto Gonçalves Garcia
Ludovico Garmus
Teobaldo Heidemann

Secretário executivo
Leonardo A.R.T. dos Santos

Editoração: Maria da Conceição Borba de Sousa
Diagramação: Sheilandre Desenv. Gráfico
Revisão gráfica: Luciana Quintão de Moraes
Capa: Maria Fernanda de Novaes

ISBN 978-65-5713-840-3 (Brasil)
ISBN 978-2-08-210166-0 (França)

Este livro foi composto e impresso pela Editora Vozes Ltda.

Sumário

Introdução, 7

Parte I.
As fontes de comparação, 25

1. A psicologia da consciência, 27
2. A psicologia da situação, 59
3. Mitos e razão, 107

Parte II.
Os prelúdios psicomotores do pensamento, 143

1. Os primeiros estágios, 145
2. Imitação e representação, 158
3. Ritos e representação, 205

Parte III.
Os fundamentos primeiros do pensamento, 217

1. As relações entre significante e significado, 219
2. O pensamento sincrético, 244
3. As condições elementares do pensamento discursivo, 262

Conclusão, 285

Introdução

Quais as relações entre ato e pensamento? Qual dos dois tem prioridade sobre o outro? "No princípio era o Verbo" (ou o pensamento manifestando-se), diziam os discípulos místicos de Platão. "No princípio era a Ação", retrucava Goethe. Eis um debate que ainda divide os filósofos e até mesmo os sábios, e que apresenta um primeiro exemplo das oposições, das antinomias, dos antagonismos que surgem entre o ser e o conhecimento, entre as teses sobre o conhecimento, como também entre as forças do indivíduo em evolução.

No restrito campo do desenvolvimento psíquico estes conflitos são evidentes. Mais sensivelmente até do que em outros campos, onde as realidades e as teorias têm um ritmo de transformação, de crescimento, de renovação tão lento ou uniforme ao ponto de darem naturalmente a impressão de estabilidade ou de simples repetição, os conflitos podem ser reconhecidos, não como a negação, mas ao contrário como o fundamento dos processos que tendem ao mais completo desenvolvimento da pessoa ou do conhecimento.

Mas até nesta realidade movediça, que é a vida psíquica, os termos que estes conflitos contrapõem podem não ser perceptíveis distintamente em sua totalidade e em seu conjunto senão mediante a exploração dos campos variados onde as atividades da vida psíquica se manifestam e procuram seu caminho: ou seja, não só no comportamento da pessoa humana, mas também entre as reações consideradas ainda totalmente instintivas e naturais do animal e através da diversidade das influências sociais. É de preferência para estados originais, para a infância dos indivíduos, da espécie, das sociedades, como para etapas em que o crescimento é ainda suficientemente rápido e as diferenças manifestas, que este problema das relações entre o ato e o pensamento nos deve levar. Pois se trata de observar, antes do resultado realizado e consolidado, os fatores em jogo, sua sucessão e sua ação recíproca.

Comparar, aliás, não é necessariamente identificar. Muitas vezes as dessemelhanças prestam-se mais à análise do que às semelhanças. E as próprias semelhanças não implicam necessariamente processos capazes de serem superpostos. Para efeitos análogos, para formas de ação ou de pensamento que apresentam o mesmo aspecto pode haver causas e condições diversas. Semelhante confronto não pode deixar de ter importantes significados, quer ponha em evidência a variedade dos possíveis mecanismos em vista do mesmo resultado, quer aponte a necessidade do próprio resultado como aspecto ou estrutura definidos do comportamento, como sistema apropriado de adaptação ou como etapa de uma evolução.

* * *

Não há subterfúgios que os teóricos do conhecimento não tenham utilizado para mascarar as contradições sobre as quais ele é edificado e que são superadas por cada uma de suas etapas, como se eles vissem ali uma renúncia às possibilidades de conhecimento. No entanto, a supressão dessas contradições, que permanece puramente aparente, e suas inevitáveis ressurgências são o que mais pode tornar suspeitas as relações do conhecimento com o objeto e finalmente desacreditá-lo. Por não terem admitido que o conhecimento deve, desde seu início e como que por definição, enfrentar e superar essas contradições, estes teóricos fomentaram o divórcio entre a verdade, ou seja, aquilo que lhe é ditado por suas próprias estruturas, e a realidade, ou seja, aquilo que corresponde à estrutura das coisas, ou, por outro lado, entre o intelecto, que é o aparelho do conhecimento, e a razão, que corresponde ao destino integral do homem.

Uma primeira atitude é a precedência dada à verdade sobre as coisas: ou seja, considerar toda realidade idêntica ou conforme à mente, e as coisas como uma forma grosseira, aproximativa ou ilusória de captá-la. É a atitude de um Platão ou de um Malebranche, para os quais as ideias puras ou o inteligível correspondem à própria essência das coisas, ao passo que os objetos captados pelos sentidos não são senão um fantasma deformado do real, fantasma no qual nossa sensibilidade afetiva e sensorial mistura tanto algo dela mesma quanto algo da própria coisa. Outros, como Descartes ou Spinoza, supõem uma espécie de paralelismo ou de identidade substancial entre o inteligível e a realidade acessível aos sentidos, chamada realidade material, e arrogam-se assim o direito de não mais considerar no objeto senão o inteligível sob sua forma necessária, imutável, eterna. Não sem se verem, aliás, obrigados a admitir que o inteligível e o material não podem sustentar-se inteiramente por si mesmos e devem ser superados por algo que ultrapassa as possibilidades do conhecimento, ou pelo menos do conhecimento intelectual.

A existência de contradições é bem reconhecida por Kant. Ele até procura formulá-las em suas antinomias da razão, mas é para eliminá-las do domínio que é estritamente o do conhecimento, e para encerrar em si mesma a experiência ao mesmo tempo sensível e intelectual, cujas leis ele pretende que sejam a priori, isto é, necessárias e imutáveis. Eis uma condição que ele julga indispensável para fundar a certeza do conhecimento. Mas, subsistindo as contradições, ele é obrigado a reconhecer que o conhecimento não pode atingir a realidade essencial das coisas. Ele não teria acesso à coisa em si. E mesmo o conhecimento que o homem pode ter de si mesmo deixá-lo-ia ignorar seu ser real. Vêm então as filosofias que, para atingir o essencial, lançam descrédito sobre o conhecimento e não querem ver nele senão aproximações grosseiras, artifícios quando muito cômodos, mas uma orientação estéril da alma. São elas que invocam, conforme os autores, o ser ou o nada, o impulso vital ou a angústia, para entregar-se por fim às pulsões do instinto.

Este breve resumo deve bastar para mostrar o mal-estar e o enigma que atormentaram todos esses pensadores, cuja constante preocupação foi a de não reconhecer em seu íntimo que o conhecimento é essencialmente um esforço para resolver contradições. Ou eles consideravam impossível fundamentar e justificar a ciência a não ser equilibrando-a sobre princípios estáveis e definitivos, ou a subestimavam e julgavam necessário procurar estes princípios em outro lugar fora dela. – As contradições que se observam nos primeiros balbucios intelectuais da criança são mais ou menos semelhantes às etapas que a inteligência humana teve que percorrer em busca de seu objeto. Hoje resolvidas, elas dão a ilusão de nunca terem existido. Aqueles que ainda se obstinam nelas dão a impressão de estar em oposição com as leis eternas da mente, da lógica, da experiência, de sucumbir a uma incapacidade, a uma perversão provisória ou incurável, quando, pelo contrário, representam a mente em ação, a lógica em evolução, a experiência em vias de realizar-se.

Reduzir o conhecimento a um esforço que supera as contradições não é contrapô-lo ao real como algo artificial que deva afinal permanecer-lhe estranho. É, pelo contrário, integrá-lo mais estreitamente ao real, e fazê-lo participar de suas leis. Porque nada pode existir senão reagindo a ações sofridas e nada subsiste que não tenha triunfado sobre o conflito, alcançando um novo equilíbrio, um novo estado, uma nova forma de existência. É evidentemente um mito o conflito que se travaria entre as forças de vida e de morte no ser vivo. Atribuir-lhes uma realidade substancial não levaria senão a puras explicações verbais. Mas, sob estas pretensas forças, existem realmente entre o meio e o ser vivo séries de ações e de reações donde podem resultar a vida ou a morte, conforme a organização e as estruturas próprias do ser vivo possam manter-se e desenvolver-se às custas do meio ou, pelo contrário, se deixem desintegrar e destruir. O antagonismo entre o meio e o ser vivo é contínuo. O ser vivo vive às custas do meio; mas, transformando-o, corre o risco de torná-lo, caso não haja uma renovação contínua, impróprio para a sua existência. Entre as espécies vivas encontram-se antagonismos semelhantes, que resultam de dependências mútuas semelhantes. E, sem dúvida, já existem antagonismos anteriores às manifestações da vida no universo. Assim, o conhecimento nada mais faz do que prosseguir, no plano que lhe é próprio, uma necessidade da qual dependem a existência e a evolução de tudo o que deve vir-a-ser para ser.

**

Mas a antinomia não acontece apenas entre o pensamento tomado globalmente e as coisas. Encontra-se também nas definições da inteligência. Uma definição se fundamenta na análise das aptidões psíquicas, quando já desenvolvidas, utilizando ora a introspecção, como antigamente, ora provas nitidamente definidas: testes. Reduzida ao essencial por meio deste último método, a inteligência resumir-se-ia, segundo Spearman, a um poder de comparação e de discriminação. A verdade é feita de nuanças, dizia Renan. A inteligência seria, portanto, a aptidão para reconhecer a verdade. A outra definição tem como objetivo o real. Ela põe em primeiro plano as necessidades práticas: acomodar-se, adaptar-se ao real, utilizá-lo e, para isso, conhecê-lo. A inteligência, instrumento de conhecimento, parte da ação e a ela retorna.

A oposição que o metafísico estabelecia entre a pessoa e o intelecto torna-se, portanto, com os psicólogos, interna à inteligência. Será em relação à verdade ou em relação ao real que é preciso defini-la? O conhecimento postula evidentemente a harmonia entre os dois. Mas o ponto de partida é diferente; e de cada um podem resultar consequências diversas, por exemplo no plano pedagógico. A consideração essencial da verdade manda cultivar sobretudo as aptidões críticas da mente, como faz uma certa educação clássica. A consideração do real quer que se desenvolva sobretudo o sentido da ação em contato com o concreto.

A definição através da adaptação ao real tem a seu favor o fato de colocar a inteligência no prolongamento das necessidades biológicas que regulam as atividades do ser vivo, por ajustamento gradual ou por seleção. De puramente reflexos ou sensório-motores, os meios de adaptação poderiam tornar-se intelectuais. Mas será que, com Claparède ou W. Stern, ver na inteligência uma adaptação às situações novas é marcar suficientemente a diferença entre os dois estágios? Naquilo que motiva uma adaptação não existe sempre alguma novidade? O importante não é reconhecer o mecanismo que a cada vez está em jogo, ou seja, saber em que reconhecer a inteligência quando ela intervém? E o problema reaparece em sua totalidade. Claparède não deixou de notá-lo e tentou reduzir o ato intelectual a seus fatores ou momentos essenciais: hipótese, invenção, controle. Binet fizera uma análise semelhante.

Foi a esta decomposição das operações intelectuais em seus elementos essenciais que Spearman se dedicou logo de imediato. Ele faz distinção entre o que ele chama de *indução da experiência* ou apreensão imediata e aquilo que a experiência fornece, a *edução das relações* e a *edução das correlações*. Por *edução*, Spearman entende certamente uma passagem; mas, contrariamente à lógica tradicional, que estabelece uma oposição entre a indução, ou passagem dos fatos particulares aos princípios gerais, e a dedução, que parte dos princípios para deles tirar consequências particulares, o que ele entende por edução é uma orientação neutra ou ambivalente, é o movimento do pensamento em qualquer sentido que ocorra. Por *relações* designa as que são elementares e cuja simples percepção produz o conhecimento: as relações de lugar, de simultaneidade ou de sucessão. As correlações são super-relações ou, antes, relações entre relações, como por exemplo aquelas relações entre relações de tempo e de lugar que podem nos levar a enunciar uma relação de causalidade. Trata-se aqui de relações entre séries percebidas de início independentemente uma da outra e a respeito das quais reconhecemos que coincidem sistematicamente em sua coexistência ou em algumas de suas variações. Segundo esta definição, a inteligência partiria, portanto, não de um contato operacional direto com a realidade, mas de sua imagem perceptiva, e consistiria em sobrepor-lhe relacionamentos que se exprimem necessariamente de maneira ideológica. Entre a inteligência e a simples reação elementar às necessidades do momento haveria, portanto, diferença de espécie.

Mas as oposições de tese sobre a inteligência podem ainda apresentar-se sob outro aspecto. Prosseguindo a redução dos atos intelectuais até suas condições últimas, Spearman foi obrigado a reconhecer que eles correspondem a aptidões ou a capacidades cujo desenvolvimento respectivo, conforme mostram os testes, varia de um indivíduo a outro. Porém, com a ajuda de métodos matemáticos, Spearman procurou se não haveria entre os atos intelectuais um elemento constante, um resíduo comum, e assim chegou a descobrir neles a existência de um fator g (geral). É o nível deste fator que determinaria, em cada indivíduo, o nível de sua capacidade intelectual. Este fator combinar-se-ia, para as diferentes operações intelectuais, com diferentes fatores específicos. A importância destes é maior ou menor conforme o gênero de provas a que a inteligência é submetida. Estes fatores específicos correspondem às técnicas especiais do ato intelectual em questão. Para encontrar provas intelectuais o mais depuradas possível destas diferenciações específicas, Spearman procurou provas que fossem despojadas de quaisquer técnicas, inclusive as da linguagem. Dirigiu sua escolha para comparações de séries, nas quais basta responder através das palavras "bem" ou "mal", conforme os termos da segunda série estejam ou não numa justa relação com os da primeira. Assim, a inteligência tenderia a definir-se melhor, excluindo-se gradualmente de tudo quanto é determinação particular, capacidade concreta, aplicação à múltipla diversidade do real.

A esta sublimação suprema do princípio intelectual continuam a se contrapor concepções nas quais a inteligência não é distinguida dos casos em que se manifesta. É praticamente por sua eficiência que ela deve ser conhecida, ou seja, através de uma multiplicidade de efeitos específicos diferentes, cuja produção precisa estar em ligação estreita com as circunstâncias e o meio. A expressão radical desta tese é dada por Thorndike, que faz da inteligência a simples soma, o "feixe" de aptidões mais ou menos estranhas entre si. No entanto, a própria diversidade destas supõe diferenças de estruturas, ou seja, uma organização que, mesmo esparsa em suas origens, conteria forçosamente em potência associações e unidade.

***

Procurar decompor a inteligência em seus fatores primários, partindo de resultados provocados com a ajuda de testes, é um método estático e cuja base é estreita demais para poder revelar suas origens, seu desdobramento, suas formas ou suas condições diversas. Fazer dela uma nova capacidade de adaptação adquirida pela espécie não pode dispensar de perscrutar seus inícios e seus diferentes estágios, nem de considerar aquilo que cada um deles supõe em termos de circunstâncias novas, tanto individuais como extra-individuais. O campo de estudos deve ser alargado. Se a inteligência não tem, de uma espécie para outra, um desenvolvimento idêntico, é evidentemente porque ela sofre, em cada espécie, certas determinações que regulam e delimitam seu crescimento. O exame destas determinações e o da progressão ou das fases que lhes correspondem deve mostrar por quais diferenciações ou elaborações sucessivas a inteligência passa, sobre qual plano ela é construída, como suas funções nascem umas das outras, se encadeiam ou se articulam entre si. Será possível, por outro lado, separá-la das situações em que ela é capaz de se exercitar, permitindo estabelecer comparações frutuosas, seja entre os estágios que o mesmo indivíduo atravessa, seja entre os indivíduos, seja entre as espécies? Por fim, chega um momento de sua evolução em que ela utiliza um material e técnicas que a levam a ultrapassar o plano das simples possibilidades materiais e motoras de que o ser vivo dispõe em suas relações com os dados presentes do meio. Temos aqui um meio totalmente novo, o do pensamento, que ela se atribui ou que se impõe a ela. Estas três fontes de comparação poderiam se controlar mutuamente.

Na verdade, a evolução da vida psíquica na criança já foi objeto de análise de numerosos trabalhos. As mudanças de reações e de comportamento da criança foram registradas e destacadas, conforme a idade, dia após dia, semana após semana ou mês após mês. Pois, em sua maioria, são tanto mais fugazes por estarem ainda mais próximas ao nascimento. A comparação de observações colhidas em diversos sujeitos mostra que a sucessão dessas mudanças tem qualquer coisa de sistemática. As mudanças de reação e de comportamento exprimem, portanto, certas leis de desenvolvimento. Mas, feita esta constatação, as interpretações podem ser diferentes. Uma tendência frequente é imaginar uma filiação contínua entre estas mudanças, quer pareçam, cada qual, acarretar a seguinte, quer sejam, o que é mais frequente, reduzidas a elementos comuns, cujas combinações se complicariam gradualmente e se entrelaçariam. Mas assim poderia ficar negligenciada a ação de fatores que intervêm cada um a seu tempo, sem que nada tenha podido até então manifestá-los. Um risco ainda mais grave é o de atribuir a elementos simples, supostamente identificáveis desde os inícios da vida psíquica, o poder de produzir, com a ajuda da experiência, todo tipo de atividades diversas que nela se manifestarão. Pois é muito frequente a ilusão que sobrevém no momento de concluir e que, de repente, introduz no resultado precisamente aquilo que era preciso demonstrar. Ao crescimento de certa forma autônomo das funções intelectuais é preciso, portanto, contestar sua contrapartida ou complemento necessário; é preciso confrontá-las com aquilo que lhes dá oportunidade de se manifestar explicitamente; é preciso pô-las à prova de circunstâncias definidas, nas quais possa se revelar à diversidade de seus procedimentos.

Aplicado primeiramente em casos pouco complexos e, para começar, no animal, este método mostrou que a solução de problemas práticos, em que a inteligência entra necessariamente em jogo como aptidão para combinar e inventar, acontecia sem precisar exigir o aparato de noções e de termos diversos que entram nos raciocínios em que o homem, em que o adulto costumam ver a expressão por excelência da inteligência. As ideias, o conhecimento, que geralmente parecem ser ao mesmo tempo o resultado e a condição da atividade intelectual, são apenas uma de suas possibilidades. Assinalam uma bifurcação, tendo encontrado na espécie humana meios que lhes permitem se desenvolver indefinidamente. Mas não são as manifestações intelectuais mais primitivas. No animal e, com maior evidência, nas espécies mais próximas do homem, nos antropoides superiores, observam-se atos que implicam uma intuição variável e apropriada das circunstâncias, à qual seria difícil negar o título de intelectual. Encontrando-se também na criança e, de resto, nos homens de qualquer idade, há nestes atos algo de imediato, que os tornam irredutíveis ao conhecimento e às fórmulas do raciocínio. Dependem da chamada inteligência prática, que poderia também ser chamada de inteligência das situações, para melhor ressaltar-lhe o essencial, mas com a condição de não englobar nela as puras situações mentais e reduzindo-as àquilo que elas são originalmente: um concurso de circunstâncias que se impõem do exterior, atuais e materiais.

O que contrapõe esta inteligência das situações ao conhecimento é que, em vez de distinguir entre os objetos e as circunstâncias, ela realiza uma espécie de organização dinâmica, onde, com os apetites, repugnâncias e disposições afetivas do sujeito e com as atitudes ou os movimentos que daí possam resultar, fundem-se o campo das percepções exteriores, ele próprio incessantemente modificável conforme as necessidades do momento, as possibilidades da ação e as veleidades do desejo. Estes diferentes fatores, que as necessidades da expressão e da análise obrigam a distinguir, entram a cada instante num mesmo conjunto indiviso, numa *estrutura* perfeitamente una, embora varie com as peripécias e o desenvolvimento do ato.

É nas modalidades desta estrutura, na diversidade, na maleabilidade e na extensão de sua organização que consiste a inteligência prática. Sua eficácia depende da capacidade que ela tem de juntar, entre as impressões do momento, todas aquelas que melhor podem contribuir para o êxito da ação, fornecendo-lhe meios e objetivos adequados. O que chamamos de "meios" funde-se na estrutura que une ao objeto o desejo do sujeito e o realiza. A inteligência intervém para suprir a insuficiência dos simples automatismos, quando os movimentos espontâneos e simples do animal não conseguem fazê-lo atingir seu objetivo. Ela se mede pela complexidade dos instrumentos ou subterfúgios que é capaz de utilizar. É uma certa capacidade de fazer constelações, que opera através da atração mútua entre o real e os impulsos correspondentes. Esta realidade objetiva que o conhecimento tende a nos contrapor como uma realidade independente de nós, que se imporia do exterior por intermédio da percepção, não é ainda senão um campo perceptivo sempre transformável, no qual as incitações vindas das coisas só entram se estas se organizarem em sistemas que correspondem à atividade total do momento.

Será deste conjunto dinâmico, onde fatores subjetivos e objetivos formam uma unidade indivisível e não cessam de modificar-se mutuamente, enquanto a solução não for alcançada e o desejo satisfeito; será desta aptidão mais ou menos extensiva para descobrir o procedimento eficaz, abrindo o campo perceptivo e o da ação a conjuntos variáveis de circunstâncias e de meios, muitas vezes sem ligação atual com o objeto buscado, mas que os movimentos do animal podem integrar na própria busca; será desta inteligência essencialmente assimilante que pode resultar essa outra forma de inteligência que na ação se exprime por códigos, que na percepção se exprime por enumerações, observações e associações, que tem palavras como referência constante, que tem a linguagem, expressa ou íntima, como substrato indispensável, que distingue entre os termos, na qual cada noção correspondente é estabilizada, na qual a diversidade dos efeitos deve-se à diversidade das combinações entre elementos que devem permanecer constantes, na qual cada espécie de relações tende a uma fórmula explícita? Esta é uma inteligência que opera sobre representações ou por meio de representações, que identifica o ato com seus componentes e os efeitos com as qualidades constatáveis de objetos determinados.

Entre estes dois casos, de orientação tão contrária, diversos autores parecem supor uma indiscernível continuidade. As duas inteligências prolongar-se-iam uma à outra, em consequência de um simples progresso de suas operações. Esta é realmente uma imagem por demais simplista de suas relações; e se elas têm alguma coisa de comum, é aprofundando cada uma delas que será possível demonstrá-lo. Mas elas se distinguem ainda por uma outra característica. Sejam quais foram, subsequentemente, as interferências de sua atividade, elas se contrapõem e não cessarão de contrapor-se, porque os sistemas que unem a inteligência prática às situações concretas não têm outro objeto que eles próprios, são esgotados por seus próprios efeitos e, por mais amplo que possa ser o círculo das circunstâncias que eles organizam, nem por isso deixam de estar fechados em si mesmos e isolados. A outra inteligência, pelo contrário, funda-se sobre termos que, antes mesmo de sustentarem representações claramente delimitadas, foram instrumentos de comunicação interindividuais. Ela supõe um material que não cabe a ninguém inventar para seu próprio uso, à medida que seus progressos intelectuais o permitiriam ou o exigiriam. A linguagem enunciada ou interior que forma uma só coisa com o pensamento discursivo, bem como as relações e as representações de que ela é suporte, têm como matriz indispensável a sociedade. Para o indivíduo, sem dúvida, não se trata senão de ser apto a assimilar seu uso. Mas, precisamente: ou esta aptidão não será senão a marca da própria linguagem sobre a criança moldada pelo meio ou, como o mostram tantas observações diversas, ela pertence ao desenvolvimento específico do homem, à sua natureza, e pode excepcionalmente faltar ou desaparecer em certos indivíduos. Ela tem, portanto, suas condições próprias e não pode ser a consequência da inteligência prática, mesmo fecundada pelo tipo de experiências que estão a seu alcance.

O acesso da criança à inteligência discursiva, ao pensamento coletivo, por meio da linguagem e das noções comuns que nela se acumularam, acrescenta novos problemas aos antigos. Já não é mais possível considerar sua evolução intelectual como puramente individual. Mas, quais pontos de convergência tem ela com a tradição de que a criança é herdeira? Será que a criança a retomará em seus inícios e deverá recapitular todas as suas fases, antes de poder assimilar seu sentido atual? Diversas analogias levaram a crer que as etapas da "mentalidade" da criança deviam repetir as etapas essenciais da "mentalidade primitiva". Esta aproximação conserva seu interesse apesar das inverossimilhanças da hipótese. Ela lança luz sobre a diversidade das condições que pauta a formação do pensamento. As dificuldades que este deve resolver são assim ressaltadas mais nitidamente pela semelhança do esforço que elas exigem da inteligência individual, para conquistar seus meios, e da inteligência coletiva, para conquistar seus conceitos. As posições semelhantes em que elas podem manter momentaneamente a criança e o primitivo exprimem, sem dúvida, a inaptidão provisória de um para utilizar as técnicas mentais de sua própria época e o retardamento destas técnicas no ambiente intelectual do outro. A evolução biopsíquica, por um lado, e a evolução histórica, por outro, podem conforme o caso ser concordantes, sem serem de forma alguma idênticas. Sua contribuição, no entanto, é fundamental para o progresso do pensamento.

***

Os três sistemas de referências entre os quais pode assim inscrever-se o estudo do desenvolvimento intelectual permitem melhor evitar as soluções demasiadamente rápidas, nas quais a dificuldade é escamoteada. Colocam em evidência diferenças, oposições que devem ser superadas. Entre eles esboçam-se as linhas de força que devem levar ao resultado. Assim os problemas são, pelo menos, colocados em suas diversas dimensões.

Eles colocam frente a frente, por um lado, o ato material, motor, suas estruturas naturais ou adquiridas, seus níveis, seus empregos ora racionais ou objetivos, ora subjetivos ou plásticos, e, por outro, as exigências elementares, específicas do pensamento, seus primeiros esboços, as primeiras dificuldades que ele enfrenta. Pois o pensamento assinala um limiar na vida psíquica e na vida da espécie, que é bom mensurar e cujo plano seria desejável ressaltar.

PARTE I

As fontes de comparação

1

A psicologia da consciência

Para começar, a psicologia enfrentou contradições essenciais. Como era natural e necessário, foi em oposição às especulações sobre as coisas que ela se organizou e firmou. Em face dos objetos dados pela experiência externa, ela consistia em construir o sujeito. Procurou-o na experiência que ele pode ter de si mesmo, ou experiência íntima. Da experiência, ela destacou a consciência, para fazer desta seu objeto. Assim, o estudo do sujeito teve como ponto de partida a consciência. Feito de uma matéria diferente das coisas, supunha-se que era da consciência que o sujeito recebia seus elementos constitutivos. Ora, a consciência é, por natureza, conhecimento e o conhecimento se detalha em imagens. Ora sensoriais e de origem exterior, ora mentais e desenvolvendo-se no plano das ideias, as imagens eram ao mesmo tempo o termo comum a todas as manifestações de consciência e o intermediário entre a percepção e o pensamento. Permitiam, assim, reconstruir a vida psíquica de acordo com todas as necessidades.

A decomposição da consciência e a recomposição do sujeito em imagens, ou seja, em elementos capazes de entrar cada qual em combinações diversas, podiam dar a ilusão de que, tendo partido do sentido íntimo, a psicologia adquiria, também ela, objetividade, pois permitia analisar e reconstituir a vida psíquica de qualquer indivíduo. Mas podia caber precisamente à imagem, despersonalizada como elemento múltiplo de cada consciência e comum a todas as consciências, a tarefa de restaurar o sujeito? Aquilo que ela havia perdido no decurso da operação – ou seja, a função única e original de ser a pessoa, que contrapõe sua identidade a todos os conteúdos possíveis da consciência – será que sua recombinação com outras imagens poderia restaurá-lo? Sensíveis a esta contradição, autores como Maine de Biran procuraram o fator que devolveria ao sujeito sua primazia, sua permanência, sua unidade. A impressão de que se possa traduzi-lo, com esforço, por exemplo, torna-se uma espécie de estado privilegiado, a manifestação de um princípio superior a todo o conjunto dos estados de consciência, não submetido às mesmas contingências. Mas é um princípio que, por isso mesmo, escapa ao domínio do conhecimento científico, porque sua existência não é redutível a sistemas de relação.

A consciência, detalhada em imagens, perde também toda sua mobilidade. Ela é transformada em partículas inertes. É esta dispersão, esta estagnação que o associacionismo pensa remediar agrupando e encadeando as imagens. Semelhança e contiguidade. Mas a atração mútua daquilo que se assemelha é o contrário da renovação; e a ligação daquilo que se encontra junto na experiência nada mais é do que fixação passiva, donde não podem surgir as orientações exigidas pelas iniciativas do pensamento. Na verdade, apenas algumas de suas manifestações mais degradadas têm a aparência de associações quase puras. Estas são uma vã justaposição de grupos díspares e que não significam senão eles mesmos. É em resposta a esta desanimação do pensamento pelo associacionismo que Bergson, por sua vez, dedicou-se a restituir-lhe sua espontaneidade, e imaginou todos os indivíduos dotados de um "impulso [élan] vital", cujo modelo ele pretende encontrar na intuição que a consciência pode adquirir de seu devir, de sua renovação incessante e de seu poder criador. Mas esta evolução por si mesma e para si mesma do indivíduo e da consciência subtrai, também aqui, o estudo à análise científica.

Por mais singulares e originais que sejam, para cada ser vivo, as realizações de seu impulso vital, pode este fazer outra coisa senão manifestar uma natureza ou uma essência? Mesmo considerando o devir como a única expressão possível daquilo que é, parece difícil não imaginar para o devir uma tendência, uma espécie de unidade, e para esta unidade como que um princípio latente. A duração [*durée*] bergsoniana, que é o indivíduo desenvolvendo-se qualitativamente, seria a tendência levada ao absoluto. Ela escapa, evidentemente, às limitações das tendências particulares e não pode ser definida, como estas, por uma finalidade, por um motivo, que poderia ser expresso por uma representação ou uma imagem. Não deixa de ser verdade que, no detalhe da vida psíquica, a análise da consciência leva sempre à imagem. Neste caminho é a ela que o psicólogo deve chegar em última análise. Seu esforço por acrescentar-lhe forças afetivas não pode dispensá-lo de reencontrar a imagem sob o prisma da tendência ou do sentimento. Para quem parte da consciência, a imagem é o protótipo necessário, que só é possível diluir difusamente ou considerar como o limite e o termo de um processo em curso. A imagem é invasiva a tal ponto que pareceu capaz de explicar até o movimento, cujo mecanismo foi reduzido à eficiência das imagens motoras.

Com efeito, é um problema, neste sistema de explicações, justificar as ações que devem se manifestar entre a realidade material e os elementos psíquicos derivados da consciência. O paralelismo cartesiano as suprimia, supondo uma ordem do pensamento e uma ordem da extensão submetidas a leis idênticas, de tal modo que bastava ao especialista operar, conforme os casos, ora num plano ora no outro. Mas o fundamento metafísico deste acordo é apenas um ato de fé e os dois pontos de vista se separaram. O ponto de vista do mecanicismo físico tentou, com La Mettrie, impor-se na explicação da vida mental. O do idealismo pretendeu, com Malebranche, reduzir o mundo material a um simples mundo de aparências e de causas puramente ocasionais. Mais tarde, uns optaram pela eficiência soberana da ideia, que acarretaria o ato por uma espécie de *fiat* que se impõe aos automatismos subordinados, como a ideia-força de Fouillé; os outros, como Taine e Ribot, optaram pela consciência como simples reflexo ou epifenômeno da vida orgânica. Sacrificar um ponto de vista ao outro era a consequência inevitável de uma psicologia que procurava seus elementos na análise da consciência, ao passo que o substrato orgânico da vida psíquica pertence ao mundo físico, cujo conhecimento se busca através das realidades externas e com a ajuda de métodos apropriados.

Com mais razão, o pensamento propriamente dito não podia ser senão este "polipeiro de imagens" de que fala Taine. Quando, mais tarde, verificou-se o desacordo entre esta interpretação e uma análise mais exata das operações mentais, foi ainda a introspecção, ou exame da consciência por ela mesma, que Binet aqui e Marbe e seus alunos em Würzburg julgaram bom questionar para se assegurarem de que existe um "pensamento sem imagens".

Mas, não importando se o psicólogo, afinal de contas, julgou necessário dar a primazia de existência à matéria ou à ideia, é sempre a ideia que detém a prioridade na ordem do conhecimento. Considerando que o pensamento se resolve em imagens, seu sistema será idealista ou sensualista, racionalista ou empirista, conforme sejam consideradas fundamentais as imagens de origem intelectual ou as de origem periférica e sensorial. Nos dois casos, a imagem é um limite que o conhecimento não pode ultrapassar. Ela é ora identificada, ora oposta ao real. Ora o real se confunde com o pensamento que o conhece, ora ele se subtrai ao conhecimento, não sendo jamais as imagens em sua fonte senão impressões subjetivas. Seja pela redução do indivíduo ao pensamento ou agnosticismo, o ponto de vista é sempre essencialmente especulativo. Aquilo que é contato com as coisas e ato é reabsorvido na sensação ou na ideia. Mas esta posição da psicologia clássica tende a ser abalada e desmantelada sob o impulso de tendências inerentes à própria psicologia e às suas tendências mais gerais. Ocorre uma inversão na importância comparada que é atribuída à ação eficaz e ao exercício da meditação.

***

Uma das tentativas teoricamente mais ousadas, no domínio da psicologia individual, para rejuvenescê-la infundindo-lhe as tendências novas é a de Jean Piaget[1]. Como outros antes dele, Piaget observou dia a dia o desenvolvimento de crianças pequenas, tomando nota de suas manifestações sucessivas. Mas ele vai além do ponto de vista puramente descritivo e procura a explicação psicogenética. O que se constata na atividade do bebê são exclusivamente movimentos. Estes precedem evidentemente as primeiras manifestações intelectuais ou mesmo intencionais. Podem gradualmente revelar o aparecimento e os progressos destas. Estudando estes movimentos, o ponto de vista do comportamento pode ser substituído ao da introspecção. A sucessão dos movimentos corresponderá ao ponto de vista da evolução.

De acordo com os dados da observação, e para satisfazer as novas necessidades da psicologia, Piaget substitui portanto as sensações pelos movimentos como os primeiros elementos da vida psíquica. Ele julgou possível assimilar prioridade cronológica e prioridade constitutiva; fez daquilo que vem antes a subs-

---

1. PIAGET, J. *La naissance de l'intelligence chez l'enfant*. Neuchâtel/Paris: Delachaux/Niestlé. • PIAGET, J. *La construction du réel chez l'enfant*. Neuchâtel/Paris: Delachaux/Niestlé.

tância ou a causa daquilo que é elaborado em seguida. Resolveu assim certas dificuldades, deixou subsistir outras e suscitou algumas novas. Com as sensações, a consciência era dada no ponto de partida, se não como sujeito pelo menos como conteúdo. Com os esquemas motores que ocupam seu lugar na explicação, será necessário justificar a aparição da consciência. Em face das sensações múltiplas e descontínuas, por qual operação os esquemas motores poderiam, melhor do que elas, dar o sujeito e sua unidade, que transcende todas as manifestações eventuais da consciência? É verdade que, no lado oposto das sensações, que são elementos inertes cujas combinações supõem a intervenção do associacionismo, os esquemas motores são dotados de atividade autônoma e conquistadora. Eles podem absorver-se gradualmente uns aos outros e chegar assim à unidade organizada do indivíduo. Mas donde viria a este sistema de movimentos simplesmente coordenados entre si sua qualidade de pessoa?

A menos que a passagem dos elementos, ao todo, dê início a uma existência ou a uma forma nova de existência, como é o caso de uma combinação ou de uma síntese, o todo não pode resultar das partes se não foi dado ao mesmo tempo que elas. Não pode estar nelas implicado se não lhes é anterior, como acontece quando há diferenciação orgânica ou funcional. Na combinação dos esquemas motores entre si, Piaget se esforça, pelo contrário, por mostrar a exata continuidade dos resultados e a semelhança qualitativa das etapas sucessivas. Mas como esta transição insensível permitirá captar o instante em que o sujeito terá enfim surgido dos esquemas que se sobrepõem uns aos outros, e em que o movimento se terá transformado em consciência?

Para resolver esta dificuldade Piaget recorre a analogias, promovidas a identidades. Assim como cabe ao organismo desenvolver-se às custas do meio através de assimilação dos elementos que ali encontra, da mesma forma os esquemas motores estão constantemente às voltas com circunstâncias externas que explicam seu crescimento e suas transformações, pois não existe assimilação sem adaptação simultânea. Mas é aceitável a comparação de um esquema motor, simples manifestação de atividade, com a totalidade de um ser vivo?

Segundo Piaget, no entanto, não existe apenas semelhança. Entre a atividade psíquica e a atividade biológica há exata coincidência. Não é apenas comunidade de fundo ou repetição de tipo, é realmente unidade de elementos e de lei. Por isso Piaget se julga dispensado de mostrar como se dá a passagem dos esquemas motores à pessoa, da atividade motora à atividade intelectual. Há entre os dois termos *invariantes comuns*, cujo funcionamento é igualmente comandado nos dois casos pela *organização* e pela *adaptação*.

O paralelo a que Piaget dará prosseguimento não é simples conformidade, é correspondência íntima. Na origem das estruturas em que vai se diferenciar a atividade intelectual, encontram-se os mesmos princípios que os da vida, assegurando-lhes a união fundamental. No plano biológico, a organização e a adaptação são opostas e solidárias. A adaptação é a organização às voltas com o meio ambiente. A organização é o aspecto interno da adaptação, é aquilo que representa a interdependência dos elementos já adaptados. Entre as duas existe continuidade, porque a organização nada mais é que a adaptação no passado e, mais precisamente, o sistema coordenado das adaptações anteriores. No plano intelectual, temos a mesma solidariedade e a mesma oposição entre a atividade racional ou organização e a experiência ou adaptação, entre a dedução lógico-matemática e a estrutura espaço-temporal, objetiva e causal.

O quadro das funções lógicas pode ser calcado sobre o quadro dos processos biológicos. A adaptação, que é transformação do organismo em função do meio quando resulta um aumento dos intercâmbios em proveito do organismo, decompõe-se em assimilação e acomodação. Pela assimilação o organismo coordena os dados do meio, embora conservando seu próprio ciclo de organização. À acomodação corresponde uma modificação do ciclo, mas não sua ruptura, pois nesse caso haveria inadaptação. A adaptação é um equilíbrio entre estas duas operações opostas e solidárias. As três funções biológicas – *organização*, *assimilação* e *acomodação* – chamam-se no plano intelectual *função reguladora*, *função implicativa* e *função explicativa*, e cada qual delas exprime-se através de duas categorias mentais nas quais se inscreve o poder de pensar as coisas.

A ligação entre o biológico e o intelectual é tão íntima que se encontram as mesmas correspondências até entre os sistemas de explicação propostos num domínio e no outro. Defrontam-se aposteriorismo e apriorismo. Um dá lugar ao empirismo biológico de Lamarck e ao empirismo psicológico de Hume ou associacionismo; o outro dá lugar ao preformismo, que se chama, por um lado, vitalismo e, por outro, intelectualismo. Expressos de maneira menos absoluta e mais concreta, o preformismo se fundamenta em biologia sobre a existência dos genes, em psicologia sobre a existência das estruturas, e o empirismo sobre a existência das mutações e das tentativas. Apresentando sua própria tese como uma conciliação destes pontos de vista extremos, Piaget vê na assimilação biológica e intelectual a ação das estruturas preformadas, e na acomodação a ação das circunstâncias exteriores. Assim o paralelismo biopsíquico é completo. São as mesmas operações e as mesmas teorias que se encontram nos dois planos. Nomeados de maneira diferente, os termos que os designam nem por isso deixam de ser estritamente equivalentes.

***

É tarefa do estudo dos esquemas motores em ação mostrar se cabe realmente a eles efetuar a passagem do biológico ao mental, ou se esta passagem afinal não é descoberta porque estava ali pressuposta. Fiel à sua doutrina, Piaget vê nos conceitos o protótipo dos esquemas. Os conceitos são o resultado dos julgamentos. Destacam-se deles para se tornarem sistemas de relações e de classes. Tornam-se então o ponto de partida de novos julgamentos. Por uma espécie de progressão automática, uma cadeia de julgamentos dá origem a um conceito e o conceito dá origem a novos julgamentos. Da mesma forma, os esquemas procedem da atividade motora que se manifesta sobre o mundo exterior e uma nova atividade procede dos esquemas. É o já assinalado ciclo entre a organização que resulta da assimilação e a assimilação que supõe a organização. A assimilação é o elemento ativo, o conceito ou o esquema são o produto. Sem dúvida a assimilação é ao mesmo tempo produto e fonte da organização, mas é ela que, do ponto de vista funcional, tem a prioridade.

Ao meio exterior, onde se manifesta a assimilação, cabe uma ação estimuladora, diferenciadora, organizadora. "As excitações exteriores levam os reflexos a se coordenarem". Se faltar ocasião, eles correm o risco de se perderem, mas nem por isso deixam de ter espontaneidade. Um reflexo não apenas se consolida funcionando, mas também se estende sucessivamente a todos os objetos capazes de provocá-lo. Esta generalização pode chegar, aliás, a uma limitação, pois ela é assimilação recognitiva: quando a criança sente fome, ela não mama em qualquer coisa. Será preciso, portanto, considerar o reflexo como uma espécie de consciência discriminativa?

É o mecanismo da reação circular que explicaria esta apropriação seletiva entre excitação e reflexo. Para Baldwin, que foi o primeiro a invocá-lo, é o mecanismo próprio da adaptação. O efeito sentido tende a suscitar novamente o gesto que lhe correspondia, mas o gesto que responde a seu próprio efeito não se reproduz sem se especificar ainda mais. No caso de um reflexo de acomodação sensorial provocado por uma excitação exterior, a impressão que lhe está ligada incita-o a repetir-se, mas com uma precisão que torna a própria impressão mais precisa, renovando-se a reação até à supressão da imprecisão inicial. Se da simples reação muscular resulta, além disso, um progresso na edificação das aptidões, é a ação do mundo exterior que deve ser sua causa, porque não se imagina que uma reação circular possa ultrapassar a si mesma, a menos que seja a isso obrigada pelas circunstâncias. Piaget admite, com efeito, a influência estimulante e coordenadora do meio. No entanto, por mais necessário que este seja para dar um motivo à nossa atividade, existem casos em que as reações circulares desembocam apenas em estereótipos, particularmente no idiota. As duas séries, motora e sensorial, que se ajustam e se encadeiam ponto por ponto, podem muito bem unir-se em circuito fechado, sem serem capazes de se anexarem a séries de outra espécie. A ocasião de novas relações pode muito bem se apresentar e não encontrar a capacidade de utilizá-las. É preciso outra coisa além da fusão dos domínios sensório-motores entre si sob a pressão apenas das circunstâncias.

É este no entanto o único fator que Piaget desejaria invocar. De início, as necessidades são satisfeitas separadamente. A criança olha por olhar, agarra por agarrar e, se ultrapassa este estágio, é porque se estabelece "uma coordenação fortuita" entre um esquema e outro, e depois esta coordenação se fixa. Faltaria explicar por que os sujeitos cuja atividade se limita a estereótipos sensório-motores não sabem utilizar estas coordenações fortuitas nem suas ocasiões; e explicar também por que, uma vez estabelecida a coordenação, acontece que uma lesão anatômica, como por exemplo a destruição de certas estruturas cerebrais, a suprima. Não é preciso supor, junto à ocasião, junto à capacidade de utilizar, junto à coordenação, o órgão onde ela possa inscrever-se? Esta capacidade não está em cada esquema isolado, e tampouco é suscitada inteiramente do exterior. Pertence ao comportamento de conjunto e depende das subestruturas orgânicas que o crescimento da criança põe sucessivamente à sua disposição para utilizar as circunstâncias exteriores. Se acaba acontecendo a fusão entre os campos sensório-motores que correspondem aos diferentes tipos de esquemas, não é porque, estando primeiramente dissociados, eles venham a se combinar ente si; sua unidade implica um conjunto estrutural que sua própria diversidade contém em potência.

Sem dúvida o desenvolvimento da criança pode dar, às vezes, a impressão de funções que aparecem em ordem dispersa. Sua unidade de conjunto está atrasada em relação às suas primeiras manifestações. Mas não é o resultado de fusões fortuitas. Estava apenas adiada provisoriamente. No grau de evolução atingido pela espécie humana a diferenciação funcional tornou-se, com efeito, bastante grande. As atividades elementares, particularmente as atividades sensório-motoras, especializaram-se para se inserir em sistemas que as submetem a funções superiores de coordenação. Os reflexos primitivos perderam muitas vezes seu sentido como fatos de comportamento; já não têm mais nem autonomia nem utilidade; suas coordenações elementares dissolveram-se em circuitos onde se acoplaram a outras atividades. Mas continuam a se manifestar, no desenvolvimento do indivíduo, com a mesma precocidade como na série das espécies, ao passo que os sistemas ulteriores de coordenação vêm, eles também, em sua ordem, muito mais tarde. Assim os fragmentos da função surgem antes da função. A maturação desta sucede a seus efeitos mais elementares. Aliás, quanto mais complexa ela for, tanto menos lhe é possível funcionar sem aprendizagem, pois as situações que ela capacita o sujeito a enfrentar crescem também em diversidade e acabam por confundir-se com os sistemas de condições técnicas ou sociais diante das quais cada civilização coloca o indivíduo. Experiência e aptidão implicam-se mutuamente de forma cada vez mais estreita. – Mas, tendo recusado o papel da maturação funcional e não querendo levar em conta senão as primeiras reações aparentes, que para ele são os elementos constitutivos das operações ulteriores, Piaget se obriga não só a fazer da experiência o fator único, mas também a ver nela apenas uma coleção de encontros favoráveis.

Quando Piaget nos mostra que, nas primeiras semanas, o bebê não procura mamar enquanto seus lábios não estão em contato com o seio ou com a mamadeira, que entre a segunda e a oitava semana ele se põe a procurar o seio desde que se encontre nas posições que precedem imediatamente a alimentação (toalete, troca de fralda, colocar na posição horizontal etc.), que entre os três e quatro meses interpõem-se sinais visuais, como a vista da mamadeira ou dos objetos que lhe lembram sua alimentação, levando-o a abrir a boca e a chorar, Piaget nos mostra que existem coordenações progressivas. Mas deve-se explicá-las apenas através de associações comparáveis aos reflexos condicionados ou através daquilo que Piaget chama de "assimilação específica"? E, de resto, nem todas as condições dos reflexos condicionados estão nas circunstâncias exteriores. Os reflexos condicionados exigem uma discriminação dos excitantes condicionados, discriminação esta que tem diversos graus e que, segundo Pavlov, está ligada à capacidade analisadora do córtex. Se a capacidade assimiladora de Piaget é capaz de passar por cima de diferenças de domínios sensório-motores, é porque também o córtex está dotado de uma estrutura cujos níveis condicionam a experiência pelo menos tanto quanto dela resultam.

Sem dúvida haveria uma reação de compensação do conjunto sobre as partes. É à totalidade do sistema coordenador que Piaget acaba atribuindo a capacidade que o sujeito tem de interessar-se pela diversidade do real e, por consequência, de diferenciar os esquemas uns dos outros. Coordenação e diferenciação andando juntas, deve-se a esse progresso a objetividade crescente da assimilação. A estrutura que o sujeito sabe dar ao universo está relacionada à sua capacidade de coordenação, que corresponde a seu próprio nível de organização psíquica. É assim que ele chega a poder situar sua atividade pessoal entre as coisas. Mas esta coordenação tornada reguladora é *a posteriori*. Ela é consecutiva aos esquemas, que são primeiramente individuais. Piaget rejeita explicitamente a hipótese de uma tendência imediata à coordenação. Cada esquema assimilador tende a conquistar por si mesmo e para si mesmo todo o universo, inclusive os domínios que dependem de outros esquemas. Esta generalização só é freada pelas resistências do meio e pelas incompatibilidades devidas às condições de atividade do próprio sujeito.

Na falta de coordenação imediata, Piaget admite no entanto uma capacidade dinamogênica difusa. Assim aconteceria que a excitação devida a imagens visuais especialmente interessantes chega aos circuitos da sucção. É igualmente natural que, no decurso de suas primeiras adaptações auditivas, o bebê procure olhar ao mesmo tempo que escutar. A excitação desperta todas as necessidades ao mesmo tempo. A criança procura integrar a nova realidade em todos os esquemas de assimilação disponíveis. Piaget dá o exemplo da figura humana, como um excitante polivalente que estaria, para o bebê, ligado aos momentos mais interessantes de sua existência. Mas isso é fazer intervir um fator geral de interesse que já não é mais redutível estritamente a esquemas sensório-motores, uma capacidade afetiva que conseguiria suscitar e conjugar as atividades destes. Portanto, um princípio de certo modo anterior à simples concorrência dos esquemas entre si.

Apesar do rigor que procura ter, a concepção de Piaget permanece bastante eclética. Após ter postulado os esquemas motores como o essencial e suas atividades individuais, operando sob o controle da experiência, como os únicos fatores da evolução psíquica em seus inícios, ele não pode em seguida fazer outra coisa senão acrescentar-lhes uma ação de conjunto, à qual aliás ele atribui dois aspectos diferentes: um inicial e outro terminal. Este último corresponderia ao sistema unificado que as relações dos esquemas entre si acabam constituindo; o outro, a uma fonte comum de interesse da qual os diferentes esquemas, por mais heteróclitos que possam ser, receberiam seu impulso. Nesta última hipótese, o ponto de vista do sujeito e do conjunto teria prioridade sobre o dos elementos constitutivos. Mas isto vai contra o sistema de explicação proposto. O princípio que tinha sido eliminado nas premissas é reintroduzido no decorrer da explicação. Rompe-se evidentemente o equilíbrio entre o resultado que é preciso explicar e os meios invocados.

***

Na evolução que leva dos esquemas motores, elementos de base, à representação, que é o suporte da vida intelectual, Piaget distingue seis etapas. Ele tem uma dupla preocupação: assinalar a estrita continuidade delas e, ao indicar os progressos realizados de uma à outra, insistir nas transições; e mostrar para cada uma seu equivalente no plano do conhecimento. Para dizer a verdade, o grupo das três primeiras etapas não chega ao equivalente do conceito senão com a terceira, e o grupo das três últimas não leva à representação senão com a sexta. Mas, nos dois grupos, as duas primeiras etapas são uma preparação bastante gradual do resultado. Esta divisão não assinala oposições de períodos; muito pelo contrário, tende a tornar menores as diferenças sucessivas.

As três primeiras fases são aquelas em que os esquemas se limitam a coexistir e a assimilar-se progressivamente entre si, sem no entanto chegar a ultrapassar a si mesmos. Na primeira fase, eles funcionam cada um em seu domínio, nutrindo-se com as excitações específicas que lhes são próprias, mas também acomodando-se a circunstâncias e a objetos variáveis. Na segunda, esboça-se a assimilação recíproca dos esquemas que pertencem a domínios diferentes, por exemplo a assimilação da mão em movimento com a sucção ou com a palpação do corpo, mais particularmente do rosto, ou enfim com a vista. Este último fato é notado por Preyer e por Tournay na décima sétima semana e, segundo Piaget, aconteceria entre o terceiro e o sexto mês. De início, ele é unilateral. Os esquemas manuais são assimilados pelos esquemas visuais: o olhar segue a mão, mas a mão não chega a manter-se no campo visual. Só mais tarde o movimento da mão será dirigido pelo olho, como o olho acompanha a mão. Anterior à visão, a sucção soube imediatamente comandar a mão, atraída pela boca. Depois acontece a fusão recíproca da preensão e da sucção: os objetos agarrados são levados pela mão à boca sem serem olhados, os objetos que estão na boca são agarrados pela mão e retirados.

Mas esta anterioridade, verificada em todas as crianças, de certas associações em relação a outras não é evidentemente imputável a encontros simplesmente fortuitos. O momento em que a mão, entrando no campo visual, retém o olhar coincide, segundo Tournay, com a mielinização do feixe piramidal, ou seja, com o momento em que o feixe das fibras motoras que partem do córtex cerebral se torna apto para funcionar. Sem contestar o papel da aprendizagem e das circunstâncias, parece evidente que, com o estabelecimento de conexões entre dois campos sensório-motores, há conexões anatômicas chegando à maturidade. É sobre este pano de fundo que devem se desenvolver os interesses da criança, em função dos níveis sucessivos de seu comportamento.

No terceiro estágio o progresso se torna sensível. Este estágio é o da "reação circular secundária". Estimulada por um resultado ou um espetáculo interessante, a criança sabe encontrar os gestos que lhe deram origem e assim fazê-lo durar. Ainda não consegue senão repetir tais quais os esquemas anteriores. Não é capaz de adaptar, mas sua repetição no entanto não é pura e simples, já que é guiada pelo efeito a ser obtido. Existe relação entre meios e fim. Estritamente de acordo com as reações primárias, as reações circulares secundárias não têm outro objetivo senão conservar e assimilar, mas com elas o interesse da criança se desloca, exterioriza-se sobre os resultados materiais do ato. A assimilação já tende para uma totalidade ideal, mas ainda limitada a ela própria, e na qual a criança não sabe distinguir o resultado procurado dos procedimentos a empregar. Ela obedece a uma simples necessidade de repetição. A ação fortuita, que está no ponto de partida do conjunto a reproduzir, contém todos os meios próprios à reprodução. Basta o interesse despertado pela sacudidela do chocalho para reorientar o movimento na direção que ele tinha quando o chocalho foi sacudido. É um todo que se basta, um todo fechado. Os esquemas permanecem sem coordenação mútua. Ainda não podem constituir séries análogas às séries do raciocínio. Em contrapartida, já são alguma coisa de análogo ao conceito. Significam objetos a sacudir, a friccionar etc. Já são um esboço de classificação e projetam certa relação das coisas entre si, embora ainda sob forma apenas prática.

Mas confundir conceito e reação circular secundária não é antecipar? Será que as noções de classe e de relação já pertencem aos esquemas de repetição, por mais intencionais que estes possam se tornar? Se estes estão ainda estritamente fechados sobre si mesmos, como poderiam já ser um esboço de classificação? Se ainda não há oposição entre meios e fim, onde pode estar o vestígio de uma relação? Pouco importa que o adulto, percebendo na criança o uso diferente que ela procura nos diferentes objetos, faça uma distribuição correspondente de suas atividades. É das noções atestadas pela própria criança que se trata. Pressupor nos termos que precedem o efeito realizado posteriormente não é explicar a passagem.

Ao mesmo tempo, Piaget tende a ir além dos esquemas motores, a fazer surgir deles uma atividade que os supera e que seria a atividade do sujeito. Por sua extensividade ilimitada, as relações circulares secundárias transbordam o corpo próprio e incidem sobre um número cada vez maior de objetos exteriores. À medida que se aplicam a situações mais variadas, tende a ocorrer uma dissociação entre seus elementos, de tal sorte que estejam aptos a se reagruparem, segundo combinações variáveis, em meios e fins. Mas a questão é saber se o sujeito pode ser considerado como que a simples resultante automática destes novos arranjos. A diferenciação entre termos inicialmente confusos não pode ser entendida evidentemente senão em relação a uma consciência. Para haver reação circular secundária, Piaget diz muito bem que o efeito fortuito deve ser compreendido como o resultado da atividade própria do sujeito. Mas então não atribui ele aos esquemas motores um fundo que não se resolve em nenhum deles em particular, e não subordina ele sua descontinuidade inicial a um processo latente de unificação que não é um efeito resultante deles, mas do qual, pelo contrário, eles são apenas os elementos inicialmente esparsos? Com maior razão, se a existência desses esquemas é secundária em relação à existência de uma atividade em evolução no sujeito, a compreensão dos resultados aos quais dá lugar seu encontro fortuito com situações exteriores não pode ser assimilada a uma simples emanação de seu conjunto.

É neste terceiro estágio que se esboçariam as distinções entre objeto, espaço, causalidade, tempo. As ideias de relação que elas implicam, e que procedem sempre da assimilação recíproca entre esquemas simultaneamente em atividade, encontrariam nos espetáculos afastados uma ocasião privilegiada para se mostrarem. A distância imporia ao esforço de assimilação reprodutora a intuição de relações que exigem dos esquemas motores certas adaptações e transformações. Mas ainda aqui a intuição não pode ser uma consequência pura e simples dos esquemas. Ela supõe alguma coisa que já se assemelhe a um sujeito.

O objeto, onde o mundo exterior começa a se solidificar, resultaria da coordenação entre visão e preensão. Ele manifesta a permanência, imposta à ação pelas coisas sobre as quais esta se exerce, e a resistência, que estas lhe contrapõem quando lhe são contrárias. Mas, desde que as coisas deixam o campo da percepção, a ação se extingue: a duração do objeto ainda não ultrapassa a da percepção. Sua existência seria, portanto, totalmente reabsorvida na existência de impressões motoras e sensoriais. No entanto, o desdobramento entre o ato e seu motivo não é um dado bruto da percepção, a menos que a sensibilidade seja considerada apenas como a simples soma das sensações e de seu acompanhamento motor. De início, indivisas entre o motivo exterior e o sujeito, a sucessão das sensações só pode ser idêntica à sensibilidade. Como lhes caberia contrapor a pessoa ao objeto? A diferenciação não pode ser feita partindo de seus conteúdos sucessivos ou combinados, mas aparece antes em germe num conflito latente, que seria mais de origem afetiva do que sensorial, e mais de origem postural do que motora.

Quanto à noção de espaço, sua origem se deveria à coordenação mútua dos diversos espaços sensoriais e motores. Mas estes devem começar por apresentar cada qual um estado de coesão, de unidade, de sistematização que façam de qualquer gesto ou ação algo diferente de uma simples sucessão fortuita. Os deslocamentos que ocorrem devem ser capazes de retornar a seu ponto de partida, e é preciso que a atividade chegue a constituir conjuntos fechados. É sobre o modelo da noção de "grupo", tal como a definiu Poincaré, que Piaget deseja edificar o conhecimento que a criança adquire do espaço. A percepção que ela adquire do espaço está ligada à combinação e à complicação gradual dos grupos. No terceiro estágio, estes ainda estão relacionados apenas com a ação da criança sobre os objetos, não se relacionam com os deslocamentos recíprocos dos objetos. Não exprimem, portanto, senão o espaço subjetivo e não se pode falar já de representação. Mas apenas a repetição, o simples encontro dos esquemas motores será capaz de explicar a elaboração, a coordenação progressiva dos grupos? Não supõem estes uma capacidade de sistematização cujos progressos devem seguir os do organismo nervoso?

Se o terceiro estágio vê despontar igualmente a noção de causalidade, é porque os próprios gestos da criança já não são mais o único motivo de seus atos; mas estes mesmos gestos são mantidos ou suscitados pelos movimentos que eles imprimem aos objetos. Exteriorizando-se sobre os objetos, permanecem sob a dependência deles e param logo que o objeto desaparece, como a perseguição da pelota pelo gato cessa logo que esta se subtrai à sua vista. Ainda não aconteceu, portanto, a dissociação entre o gesto e sua ocasião objetiva. A causalidade ainda não é transitiva. Se a criança tem algum sentimento de causalidade, é antes como autora de seus próprios movimentos e daquilo que os acompanha do que como autora de efeitos que a ponham em relação com uma realidade exterior. A noção de causalidade, se começa a despontar, é ainda global, subjetiva e ocasional.

As noções de tempo, enfim, teriam origem no intervalo que separa os gestos dos objetos cujos movimentos eles devem reproduzir e manter o que não é feito apenas de intermediários locais, mas comporta também certas obrigações de anterioridade ou de posterioridade. Já existe, portanto, estruturação no tempo. Mas esta não ultrapassa ainda o momento do ato em curso; ela não estabelece ligação entre duas fases da ação a executar. Na unidade temporal que corresponde a cada fase não ocorreu ainda explicitamente a noção de antes e depois, que, neste estágio, poderia romper a coesão imediata e a coerência intrínseca de que a ação ainda tem necessidade.

Ao termo dos três primeiros estágios, portanto, surgiria, dos esquemas motores, o esboço das categorias sobre as quais se fundamentam a experiência sensível e a experiência intelectual. No entanto, o mundo da criança é ainda totalmente desprovido de objetividade, já que os efeitos exteriores capazes de manter sua atividade devem ser atuais. Nestas condições é ainda impossível qualquer representação verdadeira, pois não pode haver representação sem objetos representáveis, sem objetos que, através de sua permanência e de sua independência, se contraponham à atividade própria do sujeito. Para que haja representação é preciso que à realidade venha acrescentar-se seu duplo e que este não se confunda com sua materialidade presente, com as reações motoras ou perceptivas que esta atualmente está em condições de suscitar. Sem dúvida, repetir gestos para reproduzir um efeito indica uma intenção e, na intenção, há alguma coisa que ainda não é, há portanto uma representação em potência. Mas o efeito, mesmo extinto quando a criança tenta reproduzi-lo, deixa algum vestígio, que se transforma em espera e cuja ressonância no sistema psicomotor torna fácil a revivescência ativa. É um fato bastante próximo da perseveração. Entre a reprodução e a produção primeira não é necessário que se tenha uma representação inserida.

Além da intencionalidade, a representação exige o poder de evocar, e até em dois degraus: por si mesma a representação evoca o ato ou a realidade cuja imagem ela é. Mas também ela deve, por sua vez, poder ser evocada. À anterioridade funcional da representação sobre o objeto inatual sobrepõe-se a anterioridade do poder evocador sobre a representação ainda inatual. A representação é, de certa forma, consecutiva a seu motivo, à ideia que é preciso traduzir. Mas ela é uma certa realização da ideia. Deve, portanto, utilizar os meios adequados, o material adequado. E não apenas o material de que parece compor-se seu conteúdo concreto e que aliás não tem a fixidez e a passividade habitualmente supostas, mas também todo o sistema extremamente variável dos vestígios, das marcas e dos signos que devem levá-la à sua forma oportuna, ao estado ora de desenvolvimento plástico ora de elipse que o ato intelectual em curso exige. É este o programa. Por quais degraus os três últimos estágios de Piaget irão conduzir ao resultado?

Durante o quarto estágio, que vai do oitavo ou nono mês até o fim do primeiro ano de vida, os meios conhecidos são aplicados a situações novas. Está consumada agora a distinção entre os procedimentos e a meta. Os esquemas são ensaiados segundo as necessidades, são coordenados. Através deles as coisas são relacionadas umas com as outras e localizadas no espaço. É o começo do espaço objetivo. É ao mesmo tempo o começo da distinção entre o sentimento da ação pessoal e a causa dos fatos constatados. As séries temporais começam a se ordenar segundo a sucessão dos acontecimentos e não mais apenas conforme a própria atividade. A meta não ultrapassa ainda a situação atual, mas podem se interpor obstáculos que exigem a utilização de meios indiretos e sua seleção entre esquemas conhecidos. Trata-se, por exemplo, de afastar um objeto com a mão para agarrar um outro, aliás, visível, ou então de usar um instrumento para alcançá-lo. Ao contrário do estágio precedente, os objetos já são múltiplos e não reunidos num único conjunto. Ao mesmo tempo que o obstáculo, apareceria, portanto, a individualização dos termos que entram numa mesma situação atual. Assim, a criança seria já diferente dos chimpanzés descritos por Koehler, que utilizam o estratagema e o instrumento (cf. cap. 2).

Nos procedimentos deste estágio Piaget já vê o germe de operações lógicas que supõem a inclusão conceitual, a implicação hierárquica, a interferência ou mesmo a negação. Os esquemas teriam já um significado genérico, que se ampliaria à medida que se multiplicam as relações entre os objetos. Com isso elaborar-se-iam gêneros ou classes, bem como relações quantitativas, cujo suporte estaria nos esquemas tornados independentes e móveis. A simples combinação dos gestos entre si conforme as necessidades e a extensão de seu emprego e segundo os encontros da experiência já corresponderiam, portanto, à capacidade de classificar os objetos entre si e no universo.

O progresso que acontece no estágio seguinte, ou quinto estágio, é a descoberta de novos meios com a ajuda de uma experimentação ativa e sistemática. O circuito das reações circulares torna-se mais complexo; estas atingem sua fase terciária; suas operações são controladas do interior pela consciência das relações. É o início da dedução. Assim, esquemas motores poderiam fornecer, por combinação, interferência e implicação mútua, a consciência de suas próprias relações e a capacidade de ampliar sistematicamente sua aplicação.

O efeito obtido fortuitamente é agora diversificado de maneira a fazer ressaltar sua natureza. Entra em ação a inteligência empírica. Esta é acomodação intencional e diferenciada às circunstâncias novas; ela faz surgir destas novos efeitos. É a experiência "para ver"; trata-se de reconhecer como os resultados irão mudar com as modificações do ato. No estágio precedente, o objeto só era agarrado se fosse percebido ao mesmo tempo que a mão. Agora ele é agarrado seja qual for a posição inicial da mão. Os múltiplos empregos ou tentativas de que o objeto é a ocasião conferem-lhe uma realidade substancial sobre a qual constroem-se relações novas: manejo do barbante, do bastão, do banquinho. Aqui ainda não haveria senão um efeito cumulativo do tateamento acontecendo em vista dele próprio, e nunca representação inicial ou diretora. As constelações que se formam no campo perceptivo para juntar meios e fins seriam, portanto, segundo Piaget, totalmente redutíveis a simples tentativas motoras e à manipulação bruta das coisas. Mas seus elementos já seriam individualizados e conteriam potencialmente os conceitos que permitirão um dia identificá-los explicitamente.

Com o sexto estágio aparece enfim a representação. Na invenção dos novos meios começam a aparecer combinações mentais. Por mais importante que seja, a mudança não tem no entanto nada de radical. Sua origem é sempre a simples assimilação recíproca dos esquemas. Nos estágios precedentes eles nada mais faziam senão acumular os resultados experimentais, mas com crescente complexidade e rapidez. No quinto estágio a invenção tornava-se, sem dificuldade, uma estrutura. Entre estes diferentes degraus não existe, segundo Piaget, senão uma diferença de velocidade. Se a mente dispõe, além disso, de um número suficiente de esquemas, a estrutura torna-se possível. A representação aparece, por sua vez, como o símbolo mais imediato de sua atividade inventiva. Ela é aquilo que significa, os esquemas são aquilo que é significado; mas o essencial mantém sempre sua assimilação recíproca. É unicamente dela que depende a invenção. No entanto, por mais contínua que ele quisesse que fosse esta progressão, Piaget não pôde fazer outra coisa senão introduzir nela dois termos que não estão contidos nos esquemas motores: a mente e o símbolo.

Transformando uma descrição em explicação, Piaget dá à evolução psíquica uma base parcelar e demasiadamente estreita. Ele a compõe com elementos inicialmente distintos que precisariam apenas se unir e se assimilar entre si, podendo todo o edifício da vida mental resultar desta única operação. Assim, Piaget dispersa sua unidade fundamental na pluralidade dos aspectos ou das fases que a manifestam, tomando-os como porções donde a vida mental nada mais teria a fazer do que surgir. Mas ele não consegue explicar esta mesma unidade, nem os enriquecimentos que ela deve às diferenciações funcionais e à evolução orgânica que as condiciona. Ao mesmo tempo reduz aos fatores puramente individuais da motricidade certas capacidades, como o uso do símbolo e a expressão do pensamento, que não podem pertencer senão a um ser essencialmente social e restringe de maneira inadmissível os fundamentos da vida mental.

***

O sistema de explicações proposto por Piaget é um exemplo tanto mais instrutivo porque é sustentado por excelentes descrições e por uma grande habilidade de comparações. Suas insuficiências continuam sendo, no entanto, as de toda psicologia cujo raio de ação tem como limites o indivíduo e no indivíduo as manifestações despersonalizadas da consciência. Sem dúvida os termos parecem aqui invertidos. Movimentos visíveis do exterior substituíram as imagens mentais como materiais das elaborações psíquicas; a consciência é uma resultante em vez de ser um ponto de partida. Mas a mudança é, antes, aparente. O que não foi confessado na origem estava ali pressuposto e não pôde encontrar-se no resultado senão por esta razão. A passagem dos esquemas motores à vida intelectual não é o resultado de uma evolução ou de uma mutação efetivas. Os esquemas motores foram, em cada etapa, interpretados e recortados sobre o modelo de um sistema lógico que, afinal de contas, é apenas o modelo de uma escola ou de uma época. Tanto com os esquemas motores quanto com as imagens o plano do real desvanece-se no plano das ideias. Sem dúvida Piaget ainda atribui à experiência um papel dirigente. É segundo as ocasiões e os encontros que ela contrapõe aos esquemas motores que estes se retificam, se precisam e se ordenam entre si. Mas, de Berkeley aos neopositivistas, numerosos exemplos mostram que as atitudes empirista e idealista não são inconciliáveis.

As psicologias da consciência têm como traço fundamental procurar no indivíduo sozinho os elementos ou os fatores de sua vida psíquica. É como se ele tivesse, como Robinson em sua ilha, as aptidões requeridas para tirar diretamente da natureza ambiente a substância material e os instrumentos de que o homem civilizado precisa ou que o exercício do pensamento exige. Para seguir em sua totalidade este ato de autocriação, bastaria encontrar no próprio indivíduo o elemento primeiro donde ele pudesse fazê-lo brotar, a manifestação simples donde procederiam todas as outras.

Trata-se de poder esquecer, nos dois polos opostos, o material apresentado pelo pensamento coletivo e o das estruturas subjacentes à vida psíquica: a herança da sociedade e a da espécie. Em particular, Piaget exclui explicitamente da evolução psíquica da criança o papel da maturação, ou seja, a intervenção, nos efeitos constatados, de processos que se teriam desenvolvido até aí fora do plano psíquico e sem interferir visivelmente nele. Por exemplo, processos fisiológicos cujas mudanças podem acarretar mudanças na atividade mental; ou estruturas nervosas que continuam a constituir-se ainda muito tempo após o nascimento e que se tornam funcionalmente disponíveis cada qual a seu tempo.

O antigo abuso da anatomia em psicologia não é motivo para negar qualquer relação entre o organismo e o psiquismo. Esse abuso, aliás, consistia sobretudo em decalcar os elementos anatômicos e seu papel sobre aquilo que a análise psicológica parecia revelar dos elementos psíquicos e de suas relações e, em seguida, em cair na ilusão de que estes podiam ser deduzidos daqueles. Assim, o associacionismo gostava de identificar suas imagens perceptivas e motoras com vestígios materiais, que explicariam suas combinações mediante as vibrações que elas transmitiriam entre si. Coincidência exata e ação unilateral que, evidentemente, é arbitrário, inútil e contrário aos fatos imaginar. O paralelismo cartesiano era muito menos simplista e menos falso. As leis do pensamento e às leis da extensão ou da matéria eram postuladas como idênticas. Mas, permanecendo distintas as duas realidades, uma não era reduzida pura e simplesmente à outra, seus efeitos não eram considerados como uma simples réplica. Embora as duas naturezas pudessem ser de essência idêntica, era preciso encontrar cada uma delas nos fatos ou nos seres vivos que dela participavam.

No entanto, a concordância das duas naturezas era providencial; estava fundada sobre a perfeição e a veracidade divinas. A ordem que cada uma delas representava estava estabelecida desde toda a eternidade; era sem devir, sem conflito. Entre as duas não podia haver ação recíproca. Aquilo que as estruturas nervosas representam, seu papel na vida psíquica é, ao contrário, o resultado de uma história, de uma organização com níveis e formas diversas, em que cada nível corresponde a uma maneira de sofrer e reagir, a uma forma de comportamento. Não há passagem de um nível a outro sem rupturas, seja do equilíbrio interno seja nas relações com o mundo externo. Com este confronto entre o organismo e o meio as impressões e reações psíquicas são estreitamente solidárias. Elas desempenham ali, simultaneamente, o papel de efeitos e de causa. Traduzem as possibilidades do ser vivo. Mas o meio que é realmente, eficazmente, o meio de suas impressões e de suas reações, cabe a estas fazê-lo variar. É através delas que é possível medir não apenas a extensão, mas também as qualidades do meio.

Para a espécie humana o meio físico, o das reações sensório-motoras, o dos objetos reais, se fez acompanhar por um meio fundado na simples representação, onde quem opera são os instrumentos da representação e onde as possibilidades de combinação se tornaram tão livres, tão diversas, tão facilmente fixáveis que sua parte na regulação da conduta não deixou de crescer. As interferências entre os dois meios são necessariamente numerosas, incessantes; mas as maneiras de reagir a eles, os motivos próprios de cada meio são tão diferentes, tão opostos, que sua coexistência e sua concorrência são ricas de contradições, de conflitos. São dois sistemas heterogêneos de funções que estão em luta, qualquer que possa ter sido a filiação das estruturas nervosas correspondentes a cada um. Os meios de ação são o movimento em um e a atividade simbólica no outro. A inteligência não está necessariamente ausente das reações exclusivamente motoras, mas ela nada tem, neste caso, dos procedimentos que o pensamento emprega. O que os distingue não é uma questão de grau; é uma diferença de orientação, de objetivo, de meios. Como o movimento, como os esquemas motores poderiam fornecer, por simples desdobramento ou decalque, as categorias do conhecimento?

Na realidade, a natureza e a evolução das coisas estão cheias de contradições; a mudança, a passagem de um estado a outro não ocorre sem conflitos; a representação, a compreensão do mundo não deixa de colocar antinomias. Para resolver o problema será necessário neutralizar seus termos? Dividir as etapas de uma mudança, a fim de fazê-la parecer insensível, não é explicar essa mudança. Uma diferença, uma oposição não se resolvem considerando semelhantes ou idênticos os dois efeitos ou realidades que estão frente a frente. Resolvem-se, muito pelo contrário, aprofundando sua diversidade e as causas ou condições desta diversidade.

2
A psicologia da situação

O objeto da psicologia pode ser, em vez do indivíduo, uma situação. Ele se confunde com o efeito que a situação suscita, com a solução procurada ou encontrada das dificuldades que ela apresenta. O ato é considerado a partir de fora, sem nenhum postulado de consciência ou de pessoa. O sujeito não é considerado senão através de seu comportamento, em estreita ligação com as circunstâncias que o levam a reagir. Nada delimita *a priori* a parte das circunstâncias e a parte do sujeito. Nada permite presumir o papel respectivo das estruturas biológicas e da invenção psíquica, do organismo e da pessoa. Apenas a observação, a análise, a comparação tornam possível a discriminação dos fatores em jogo. Este método estritamente objetivo, que parte da indivisão entre forças externas e internas, entre necessidades físicas e possibilidades mentais é, no entanto, o mais capaz de mostrar suas oposições, seus conflitos e de fazer ver as diferenciações que seguem.

Pois as relações mais primitivas entre o ser vivo e o meio são aquelas em que suas ações são mais completamente combinadas. As superfícies de contato só são especificadas com a autonomia crescente do indivíduo em face das influências de fora. O sentimento pessoal, ou limite contraposto pela consciência às realidades exteriores, que a psicologia clássica incluía em todas as manifestações psíquicas, não é senão uma expressão tardia da diferenciação entre o sujeito e o ambiente. A existência do sentimento pessoal está longe de estar demonstrada, mesmo em situações que já põem em cena atividades complexas. É, pelo contrário, uma espécie de fusão dinâmica entre o campo dos obstáculos e o campo das possibilidades motoras que a dificuldade a ser superada deve realizar. Sem dúvida as vicissitudes contrárias e complementares desses dois campos podem esboçar uma primeira clivagem. Mas apenas do contato imediato e individual com as coisas não podem surgir as fórmulas adequadas para fixar e estabilizar a distinção entre o eu e o estranho.

Uma situação pode muito bem ser ideal, ou seja, fundada unicamente sobre representações; ela pode comportar apenas soluções de ordem imaginativa ou intelectual. Mas o material de símbolos e de ideias que ela exige a faz então depender de atividades mentais que se alimentam na linguagem, no pensamento coletivo. Ela tem assim condições e repercussões difíceis de medir; seus efeitos não são visíveis diretamente. É ao plano sensório-motor que devem pertencer as situações aqui consideradas; objeto, circunstâncias e reações devem ser perceptíveis em sua totalidade. Evidentemente, o nível das reações suscitadas é muito variável. O circuito que une percepções e movimentos pode, conforme o instante, o indivíduo ou a espécie, elevar-se a estruturas, realizar combinações em que a riqueza dos elementos reunidos e a eficácia do resultado permitem discernir uma envergadura intelectual de alcance muito diverso. Mas, por mais engenhosamente que essas estruturas pareçam organizar as circunstâncias, é sempre no atual e no concreto que elas se realizam.

Esta inteligência, que faz suas provas sem formular-se de outra maneira senão encontrando a solução apropriada para cada situação, foi muitas vezes chamada de inteligência prática. Ela pretende contrapor-se assim à inteligência verbal, discursiva, refletida, consciente, numa palavra, à inteligência de conhecimento, cujas operações – raciocínios, classificações, definições, imagens – eram as únicas conhecidas da psicologia clássica. O termo, no entanto, presta-se à confusão. Os problemas práticos podem ser a ocasião de raciocínios explícitos e de um recurso a conhecimentos formulados. A prática é muitas vezes contraposta à teoria como a arte de tirar desses conhecimentos aplicações e consequências úteis. O nome inteligência espacial seria mais preciso e teria mais sentido. É à exterioridade do espaço que está ligada a atividade sensório-motora; é no espaço que devem exprimir-se soluções cuja fórmula não é nem verbal nem mental; é, enfim, à intuição de relações que existem ou poderiam existir no espaço que a análise dos resultados constatados nos permitirá reduzir a inteligência das situações.

As situações observadas podem ter acontecido espontaneamente, mas o mais das vezes são provocadas. A experimentação permite, com efeito, uma investigação mais sistemática do que a ocasião fortuita permite. Ela permite circunscrever o efeito a ser verificado, considerar mais expressamente uma série ou a outra dos termos confrontados. Por exemplo, o arranjo das circunstâncias pode ser seletivo e minucioso, de maneira a torná-lo o único objeto da pesquisa, o único determinante do efeito, não restando senão constatar se este acontece ou não. O dispositivo da prova, pelo contrário, pode tender a pôr em evidência sobretudo a reação em suas variações possíveis, em sua totalidade e, afinal, a espontaneidade característica do próprio sujeito.

Mas a escolha da situação depende também da imagem que o experimentador se faz da inteligência prática. Esta imagem prática será combinada de maneira a decompor o progresso rumo ao êxito completo em elementos enumeráveis, por aquele que vê na solução a soma de descobertas parciais ou de felizes coincidências e na inteligência atos primitivamente distintos cuja fusão gradual faz a unidade final. Aquele, ao contrário, para quem o ato intelectual é um conjunto cujos termos se atraem ou se substituem entre si até à solução, mas cuja unidade, mantida desde o início através de fluxo e refluxo, é a condição do sucesso, disporá o campo da experiência de maneira a deixar o sujeito livre para organizá-lo, utilizando a seu bel-prazer as circunstâncias favoráveis. A diferença de métodos acarreta resultados diferentes. O erro consistiria em tirar conclusões unilaterais, que seriam confundidas com a definição total do comportamento intelectual. Na verdade, porém, cada uma das duas tendências explicativas prevalece conforme os autores, e às vezes a propósito das mesmas experiências. O ponto de partida é, para uns, a pluralidade, para os outros, a unidade; para estes, o conjunto e o ato organizador, para aqueles, as partes e a ação das circunstâncias.

***

Um tipo das explicações que atribuem a primazia às circunstâncias é aquele em que as primeiras combinações mentais são equiparadas a reflexos condicionados. Pavlov e sua escola mostraram, com a ajuda de experiências rigorosas, como os reflexos condicionados são capazes de estabelecer as mais diversas associações entre excitantes e reativas. Alguns alunos de Pavlov, entre os quais Krasnogorski, procuraram descobrir se a educação não poderia consistir, em parte, em criar reflexos condicionados úteis. Outros autores, enfim, particularmente Wintsch[2], quiseram explicar a evolução das reações espontâneas na criança como um edifício de reflexos condicionados, cuja origem estaria nas coincidências de circunstâncias que a vida ordinária habitualmente proporciona. O efeito dos reflexos condicionados seria, assim, o de pautar pelas circunstâncias a conduta e, por conseguinte, regulá-la, adaptá-la ao meio. Sempre é grande a tentação de assimilar a uma ordem mais elementar de reações, a mecanismos mais bem conhecidos, experimentalmente mais manejáveis, manifestações como as da inteligência, que, por causa de sua sutileza, de sua variabilidade, se subtraem mais facilmente à análise. Mas esta simplificação não deve chegar a esvaziar a explicação de fatores indispensáveis.

---

2. WINTSCH, J. *Les premières manifestations motrices et mentales chez l'enfant*. Lausanne: Payot, 1935.

No equipamento fisiológico do animal cada reação depende de certa estimulação que Pavlov chamou de seu excitante incondicionado. No caso deste excitante vir acompanhado, ou melhor, imediatamente precedido por outra impressão qualquer, a capacidade que ele tem de provocar a reação transfere-se a esta impressão, que se torna assim excitante condicionado. Para que a transferência aconteça, é preciso geralmente que os dois excitantes tenham agido diversas vezes juntos. Inversamente, o *excitante condicionado*, repetido demasiadas vezes sozinho, acaba por tornar-se novamente ineficaz, não por esgotamento aliás, mas por inibição de sua ação. A aptidão para os reflexos condicionados é mais ou menos desenvolvida. Parece ter dois tipos de condições: umas que correspondem à rapidez, à regularidade, à persistência da transferência; as outras à diferenciação entre impressões próximas, sendo o animal mais ou menos capaz de reagir apenas a certa nuança do excitante. Esta discriminação explica-se, segundo Pavlov, pela atividade do córtex cerebral, no qual ele vê uma espécie de analisador. Patamar superior dos centros nervosos, o córtex contém particularmente os centros que servem ao conhecimento.

Entre as situações experimentais realizadas no laboratório segundo o método de Pavlov e as situações naturais, as diferenças não são irredutíveis. Elas são constituídas, nos dois casos, por um conjunto de circunstâncias que têm entre si um laço de coexistência ou de sucessão imediata. Das mãos do experimentador elas recebem o máximo de simplicidade demonstrativa, pois ele não pode ligar entre si senão duas circunstâncias bem definidas e calcular rigorosamente o número de vezes que elas devem ser repetidas juntas para que surja o reflexo condicionado ou o número de vezes que o excitante condicionado pode ser repetido sozinho sem inibição do reflexo. É a vontade do experimentador que regula a escolha dos excitantes e a constância ou o espaçamento de suas concomitâncias. Na realidade são as condições da existência que atuam. As circunstâncias, quando se encontram unidas fortuitamente, podem não se repetir cada vez simultaneamente, e então não resultará nenhum reflexo condicionado. Se, pelo contrário, elas pertencem à mesma ordem de fatos ou de situações, sua coincidência é suficientemente frequente para estabelecer-se uma ligação e para que o excitante condicionado se torne eventualmente um meio de prever uma circunstância que deve ter influência sobre a conduta do sujeito. Assim organiza-se uma espécie de previsão reflexa, que seleciona em cada caso a reação oportuna.

As reações utilizadas por Pavlov eram de ordem vegetativa. O objetivo primeiro de seus trabalhos era estudar a especificidade das secreções gástricas segundo a natureza dos alimentos. Em seguida, ele teve a ideia de associar à apresentação dos alimentos um excitante qualquer e, invertendo a ordem de suas pesquisas, seu interesse voltou-se para a excitação sensorial; mas a reação-testemunha permanecera de ordem digestiva. Aprofundando-se mais no domínio da vida orgânica, um de seus alunos, Metalnikov, soube até provocar reações de imunidade por reflexo condicionado, associando a injeção de micróbios a um som de trombeta e constatando mais tarde que o som de trombeta havia adquirido a capacidade de aumentar o número de glóbulos brancos em circulação no sangue. Temos aqui, evidentemente, efeitos que estão entre os mais subtraídos à vontade e mais estranhos à vida consciente.

Mas, por outro lado, além dos reflexos vegetativos, Pavlov citou outros que por suas manifestações pertencem à vida de relação, como certo reflexo de "liberdade" que acontece em certos sujeitos com tanta vivacidade, quando estão em experiência, que se torna impossível a formação de outros reflexos. Nos estados de emoção, cujos efeitos psicomotores têm, aliás, uma base maciça de reações fisiológicas, é particularmente frequente ver uma circunstância, totalmente estranha aos motivos específicos e à natureza da emoção com a qual o acontecimento a associou fortemente, unir-se a ela por um laço duradouro e tornar-se, em seguida, a ocasião suficiente de sua revivescência[3]. Sobre este mecanismo, Watson chegou até a fundamentar todo um sistema. A cada espécie de emoções não corresponderia senão um ou dois excitantes específicos. A ulterior diversidade de seus motivos não dependeria senão de encontros, ora habituais, ora surpreendentes, entre seu motivo incondicionado e circunstâncias quaisquer. Assim o medo, cujas manifestações são uma reação específica ao desequilíbrio ou ao ruído, pode ser desenvolvido experimentalmente em medo de determinada espécie de animal ou de determinada situação. Outros autores preconizaram inculcar na criança, através deste procedimento, o hábito irracional das reações automá-

---

3. Cf. WALLON, H. *L'enfant turbulent*. Parte I. Paris: Alcan, cap. I, p. 25 [Trad. port. *A criança turbulenta* – Estudo sobre os retardamentos e as anomalias do desenvolvimento motor e mental. Petrópolis: Vozes, 2007].

ticas e das disposições afetivas que são necessárias à sua segurança imediata, à sua decência ou à sua moralidade elementar, associando sistematicamente impressões desagradáveis às que devem ser evitadas, e impressões agradáveis às que são recomendáveis. A natureza não atuaria de forma diferente com a criança, mas um pouco ao acaso. Assim, alguns pretenderam explicar as primeiras condutas motivadas da criança através do mecanismo dos reflexos condicionados.

Assim como a interpretação que foi dada dos reflexos condicionados, também a explicação por meio deles das primeiras combinações psíquicas é de tendência mecanicista. Esta explicação parte de elementos múltiplos, que têm existência própria e cujas combinações devem bastar para explicar as manifestações ulteriores. A ação é executada a partir do exterior. Os fatores em jogo são circunstâncias cuja combinação diferente é aquilo que pode explicar a diversidade dos efeitos. Os hábitos, a conduta, a inteligência do sujeito teriam como primeiros fundamentos, por meio dos reflexos condicionados, as associações de estimulantes diante dos quais ele se encontrou. Destas associações, umas são artificiais, como as de Pavlov ou as que qualquer educador empregaria; as outras são naturais. Uma situação agrupa, com efeito, circunstâncias que sempre vêm associadas entre si e outras que são puramente acidentais. Aquelas que são fortuitas, não tendo nenhuma razão para se reproduzirem cada vez que aparecer a mesma situação, não darão lugar a reflexos condicionados, como o farão, pelo contrário, aquelas que são ligadas por um laço habitual ou necessário de coexistência. Assim, os reflexos condicionados se harmonizariam como que automaticamente com a estrutura da realidade. Por consequência, a estrutura da própria mente não teria outro fundamento que a estatística dos casos encontrados. A observação mostra, no entanto, que um acontecimento único pode ser a causa de uma transferência persistente de efeito entre dois excitantes: por exemplo, a transferência que acontece sob o impacto de uma forte emoção ou que corresponde a um fato de compreensão.

Nos reflexos condicionados, alguns viram a princípio uma justificação por assim dizer póstuma do associacionismo, já bastante desacreditado. Consideravam apenas seu aspecto exterior. A associação aqui não é uma ligação passiva entre termos de um mesmo tipo ou entre termos quaisquer, ela é uma reação que se revela, ao lado de seu excitante específico, um excitante auxiliar. Ela implica, por outro lado, um processo ativo de discriminação entre diferentes impressões possíveis. A impressão sobre a qual se efetua a transferência deve ser destacada das sensibilidades em potência. O fato fica bem evidente quando o excitante condicionado deve se tornar muito especial e se limitar a uma nuança precisa da sensação. A diferenciação, muitas vezes difícil e dolorosa, entre estimulantes vizinhos à qual o sujeito é obrigado, pode muito bem ser provocada do exterior, mas ela não é redutível à simples justaposição de excitantes mais ou menos opostos. Ela supõe um jogo exato e delicado de inibições envolvendo a impressão particular que deve entrar no reflexo condicionado. A excitação, de início eficaz em sua generalidade, torna-se um fundo sobre o qual deverão permanecer ativas apenas as qualidades do excitante escolhido. Por fim, esta capacidade de análise, sobre a qual repousam os progressos funcionais do reflexo, seu aprendizado, e por conseguinte a comparação, a medida das aptidões sensoriais, está ligada às funções do córtex cerebral, que é o futuro órgão do conhecimento. Se existe alguma semelhança ou uma filiação qualquer entre os reflexos condicionados e as condutas intelectuais, seria preciso atribuí-la a esta comunidade de sede, a esta semelhança de operações, e não ao mecanismo da associação, que tem algo de exterior e de acidental.

A formação de um reflexo no laboratório apresenta, além disso, grandes diferenças em relação às condições da vida ordinária. Para evitar a interferência de circunstâncias não previstas, Pavlov mandara construir, para suas experiências, câmaras silenciosas e feitas de tal maneira que nem raios nem sombras pudessem modificar-lhes o aspecto, já que a menor percepção fortuita poderia ajuntar-se ao excitante escolhido, substituí-lo ou inibir-lhe o reflexo. No meio natural, pelo contrário, as circunstâncias são misturadas e complexas. Se acontecem reflexos condicionados, a seleção do excitante não pode ter como causa a supressão de todos os outros, ela é inconcebível sem uma influência emocional, afetiva ou intelectual. A explicação perde, por conseguinte, sua simplicidade aparente; ela depende de outra coisa, que pode se tornar o essencial; ela já não é mais uma explicação primeira.

Nos exemplos dados por Wintsch, que tentou reduzir ao mecanismo dos reflexos condicionados os progressos alcançados por sua filhinha até os três ou quatro anos, a explicação é continuamente ultrapassada pelos fatores que entram efetivamente em jogo.

O ponto de partida dos reflexos seria de início puramente alimentar. Entre um e três meses, a visão de blusas brancas faz a criança agitar-se como se chegasse a hora de mamar. Se a mãe ou a enfermeira se aproximam, começam os movimentos de sucção. O sorriso da mãe faz a criança sorrir. O choro da criança se acalma quando ela percebe a mãe. Mas a ligação entre a mãe e a criança não é certamente, mesmo nas primeiras semanas, tão exclusivamente nutricional. A mãe é para a criança fonte de outras satisfações. A concordância das reações mímicas entre mãe e filha não parece ser de origem puramente exterior e acidental, como entre circunstâncias quaisquer. Sem ligar, com Ch. Buehler, os primeiros sorrisos da criança unicamente à visão do sorriso num rosto humano, é necessário reconhecer que eles pertencem a uma série funcional que bem depressa descobre sua destinação, unindo a criança aos que a cercam por meio das manifestações expressivas. E estas adaptam-se às circunstâncias, não em consequência da multiplicação de encontros que a formação de reflexos condicionados exigiria, mas para responder à necessidade de relações interindividuais, das quais elas são o órgão imediato.

A emoção, na idade em que ela se diferencia e se organiza, pode por sua vez tornar-se o motivo de reflexos condicionados. Aos sete meses, a criança põe-se a chorar logo que começa a ser desenfaixada, porque, suja, ela é repreendida. Mais tarde, é a chegada do pai que lhe provoca lágrimas, porque adquiriu-se o mau costume de neste momento contar as besteiras que ela pode ter cometido. Aos quinze meses, a criança olha constantemente sua mão direita, manifestando uma grande ansiedade, porque, no momento em que uma mosca pousava nela, o avô lhe disse: "Cuidado! Ela vai te comer a mão". Em seguida, uma migalha de pão preto que ficou grudada na mão aviva sua inquietação a ponto de ser necessário colocar-lhe uma luva por algum tempo. Nos dois primeiros exemplos, é evidente a transferência da reação emotiva para circunstâncias sem relação direta com ela. No último, é uma relação imediata que une a ansiedade à visão do órgão ameaçado; não parece, portanto, haver lugar para um reflexo condicionado.

Transições semelhantes deveriam ser estabelecidas entre os numerosos casos citados por Wintsch. Reduzi-las todas ao mecanismo dos reflexos condicionados é muitas vezes deformá-las e mascarar para si mesmo fatores às vezes importantes da evolução psíquica na criança. Quando sua filhinha, aos 15 e aos 19 meses de idade, conserva de um resfriado o hábito de, ao ver um lenço, agarrá-lo e repetir o gesto de assoar-se, não será uma tendência a realizar praticamente o uso próprio do objeto, ou, em outras palavras, a conquistar aquele domínio funcional de que a apraxia instrumental é a negação, em vez de uma ligação acidental por reflexo condicionado? Aos 21 meses, sendo posta na cama sem seu pijama impermeável, ela não para de fazer o esforço de vesti-lo ela mesma. Também aqui a presença do objeto incita a empregá-lo; servir-se pessoalmente das coisas é uma forma de identificá-las, que precede sua identificação objetiva. Talvez a criança tivesse também uma impressão proprioceptiva ou táctil de falta e de ausência; a sensação de estar incompleta quando um hábito não é satisfeito é uma sensação frequente. Aos

22 meses, a mesma criança chora se não tem o pedaço de sabão que sua mãe costuma pôr-lhe na mão na hora do banho. Estes diversos sentimentos de adaptação entre as coisas e si mesmo por meio do uso não acrescenta ao mecanismo dos reflexos condicionados, através do ato, um fator de intuição que de forma alguma é redutível a ele?

Não é somente aos objetos através de seu emprego, mas logo também a situações inteiras que os atos da criança vão se ligar, para reproduzir condutas familiares ou para produzir um resultado desejável. Aos 21 meses, tendo acordado tarde e como ninguém parece pensar no banho dela, a criança tira a roupa e vai por própria iniciativa para o banheiro. Aos 22 meses, ela para diante de uma confeitaria onde na véspera um amigo tinha comprado chocolate para ela. No início do terceiro ano, ao tirar a roupa no consultório médico, manifesta o desejo de urinar. Aos 26 meses, saindo com a avó que tem uma máquina fotográfica na mão, ela vai colocar-se na grama onde fora fotografada quinze dias antes; se não há máquina fotográfica, o fato não acontece. Explicar estas combinações de atos e de circunstâncias pelo mecanismo dos reflexos condicionados não é inflar excessivamente este mecanismo e fazê-lo perder o perfeito rigor que constituía seu mérito? Aqui, a boa apropriação do ato parece habitualmente voltada mais para um conjunto do que para uma circunstância determinada, e sobretudo depende de um significado intrínseco que não é dado pela simples aproximação de dois termos quaisquer, mas é a compreensão das relações entre eles. É uma estrutura cujo motivo não é externo, mas próprio aos termos reunidos.

Como ela gosta de identificar os objetos por seu emprego repetido, a criança reproduz certas cenas à maneira de verdadeiros ritos. Aos 21 meses, cada vez que ela se machuca, é preciso que alguém sopre sobre a região dolorida dizendo "bobo parti" [dodói sumiu]. Durante seu terceiro ano de vida, a cada uma das asneiras que faz, ela coloca as mãos atrás das costas, na atitude de esperar o castigo que habitualmente lhe é infligido. Assim mistura-se em sua conduta aquilo que procede de outros e aquilo que procede dela mesma. Ela produz espontaneamente consequências desagradáveis e de origem estranha, porque permanece prisioneira das situações, não tendo ainda aprendido a dissociar delas sua própria pessoa[4]. Somente por volta dos três anos é que acontece a crise de personalidade, em que o sujeito procura enfim isolar-se daquilo que ele experimenta e distinguir, em seu próprio eu, entre o ser ativo e o ser que sofre as impressões ou coações exteriores.

Esta intuição indiferenciada explica seu habitual conformismo, que não é simplesmente redutível a reflexos condicionados. Se a criança é incapaz de tomar alguma liberdade em relação às atitudes ou às condutas que lhe aconteceu tomar ou manifestar em certas situações, é porque sua sensibilidade ainda não sabe distinguir entre as circunstâncias ou a ação dos outros e suas próprias reações, que a cena por ela vivida realmente mantém confundidas. Não sabendo contrapor sua conduta pessoal ao acontecimento, como poderia ela *a fortiori* imaginá-la modificando-se de acordo com

---

4. Cf. WALLON, H. *Les origines du caractère chez l'enfant*. Paris: Boivin, 1934.

o acontecimento? Tudo o que ela pode fazer é procurar o retorno simultâneo ou complementar dessas atitudes ou condutas. A criança não apenas suporta o retorno das antigas associações, mas quer trazê-las de volta. Se ela deseja do adulto alguma coisa que ela já obteve, esforçar-se-á por levá-lo a repetir todos os gestos realizados anteriormente, como se o encadeamento deles não pudesse senão produzir o mesmo resultado. Poder-se-ia, sem dúvida, pensar que a criança manifesta simples indicações destinadas a salientar seu desejo e despertar as lembranças, as boas disposições do adulto. Mas é justamente isto que ela ainda não é capaz de fazer: ainda não ocorreu a dissociação entre a invocação e a ação, entre a intenção e o fato.

Também a linguagem da criança atesta muito bem esta consciência difusa que parece uni-la àquilo que não é ela. Ela percorre muitas vezes todo o circuito da pergunta e da resposta, quer repetindo o que lhe foi perguntado antes de responder, ou, no caso de precisar enunciar espontaneamente alguma coisa, antepondo-lhe a interrogação correspondente, ou mantendo longos monólogos com diversos interlocutores, monólogos nos quais ela desempenha alternadamente todos os papéis, ou dirigindo-se a si mesma para cumprimentar-se, repreender-se, dar-se um conselho ou uma ordem, sob a forma como ela está acostumada a ouvir os outros lhe dirigirem a palavra. Parece até que as palavras simplesmente ouvidas prolongam-se nela, seja completando-as, concluindo-as, repetindo-as ou até mesmo contradizendo-as, formando o todo um conjunto no qual ela sentiria menos a oposição das pessoas presentes do que sua própria presença sucessiva em cada uma das partes. Ela gosta de ouvir-se reproduzindo literalmente uma conversa ou um relato e, se não o consegue, exige pelo menos do adulto uma fidelidade ritual de desenvolvimento e de expressão. Também este gosto pela fórmula consagrada, estereotipada, deve-se a uma espécie de confusão, ainda não superada, entre a expressão verbal e o conteúdo real, semelhante à confusão entre o ato e as circunstâncias ou à confusão entre o sujeito e a situação.

Em todas as formas de sua atividade, a criança passa, portanto, por uma etapa em que os processos em curso a misturam estreitamente com as circunstâncias diversas de sua ação, de tal modo que a situação e tudo aquilo que a realiza, tudo aquilo que a exprime parecem delinear os contornos essenciais de sua vida mental. O mecanismo dos reflexos condicionados parece incapaz de explicar as estruturas psíquicas que correspondem a este período. Mas a inteligência das situações foi estudada diretamente, e primeiro no animal.

***

No estudo das situações, o experimentador pode procurar pôr mais em evidência as reações do sujeito, em vez das circunstâncias. Mas a primazia de umas sobre as outras tem graus diversos. Também aqui o objetivo pode ser tornar a comparação dos casos o mais rigorosa, ou seja, o mais quantitativa possível. Ao cálculo do tempo que a solução exige pode-se acrescentar o detalhamento dos erros que a retardaram. Mas, para identificá-los facilmente, é preciso poder reduzi-los a alternativas bem definidas; e, por conseguinte, o dispositivo da experiência desempenha um papel determinante. Assim, foram imaginadas as provas do labirinto, em que o animal, para dele evadir-se o mais rapidamente possível, deve aprender a evitar os impasses. Recolocado diversas vezes no mesmo labirinto, a rapidez com que ele chegar a efetuar o percurso sem errar o caminho é registrada numa estatística e numa curva, que dão a imagem de suas aptidões. O animal pode também precisar sair de uma jaula manobrando um trinco ou um ferrolho, cujos deslocamentos corretos ou incorretos podem ser anotados com precisão.

O motivo do cativeiro pode ser substituído pelo da fome ou o da dor. O trajeto a percorrer, o obstáculo a remover terão como alvo uma presa a capturar. O desvio a evitar será aquele onde o animal recebe uma descarga elétrica. Esta diversidade na escolha dos motivos que estimulam os esforços do animal demonstra evidentemente a intervenção de um fator que é diferente de sua habilidade. Alimentado ou em jejum, um mesmo animal, em presença de um alimento, não reagirá da mesma maneira nem terá o mesmo desempenho. A curva de seus resultados poderá, portanto, variar por razões que o dispositivo da experiência não permite registrar nem medir e aqui está uma brecha no rigor que ela pretende.

A comparação das curvas mostra que elas podem corresponder a dois tipos diversos. A eliminação dos erros pode ser feita segundo uma progressão bem regular; pode também apresentar, de uma prova a outra, grandes oscilações para de repente ser definitivamente bem-sucedida. O primeiro tipo é fornecido por galinhas que bicam grãos, alguns colados sobre um fundo claro e outros soltos sobre um fundo cinzento: cada tentativa de pegar grãos sobre o fundo cinzento é um erro. O segundo tipo, em que a curva dos erros se interrompe bruscamente, indica, segundo Koehler, um ato de compreensão. Observa-se, com provas apropriadas, em animais de um nível já superior, como os macacos. A oposição entre os dois tipos indicaria uma diferença radical na natureza das operações correspondentes?

O propósito donde procede o "método das tentativas e erros" é evidentemente ver a solução surgir de elementos que não escondam nenhum poder misterioso ou sub-reptício. As tentativas são de início equivalentes entre si e feitas sem previsão. Mas o sucesso de umas e o fracasso das outras realiza logo uma seleção. Esta explicação é visivelmente uma transposição do darwinismo para o mecanismo das condutas. Parece não supor nada mais que a ratificação do acontecimento e a eliminação daquilo que não chega a um resultado, daquilo que não é viável. É um novo exemplo das teorias que imaginam forças externas e elementos distintos para deles fazer surgir a unidade organizada. É uma reaparição do atomismo psicológico, que gostaria de decompor em condutas elementares e de início totalmente independentes entre si a conduta global e oportuna do animal. No entanto, a experiência mostra que a eliminação dos erros nada tem de mecânico e que não aconteceria sem a fome, sem a dor ou sem o instinto de liberdade, que acionam no sujeito as necessidades que o conduzem. Diversos autores, aliás, envidaram todos os esforços para mostrar, partindo das tentativas individuais, que o fracasso nada pode acrescentar a essas necessidades para levá-las a desaparecer, a menos que se suponha em cada uma delas uma espécie de consciência, a consciência de sua insuficiência. Mas isso seria individualismo antropomórfico oposto ao individualismo atomístico. O problema não pode ser resolvido sem partir do conjunto.

Não se trata, evidentemente, de um conjunto que preexistiria à sua realização gradual. Em particular, quando os erros são eliminados segundo uma progressão regular, não há aparência de um poder distinto que guiaria a operação em curso. É a repetição das tentativas e de seus resultados que exerce sua ação. Há como que um efeito cumulativo, uma somatória das impressões, que acaba reforçando pouco a pouco a previsão de fracasso, até torná-la capaz de frear o ato correspondente. É o que foi chamado de mecanismo do efeito: o resultado liga-se ao ato de maneira a exercer finalmente sobre ele uma ação preventiva. Mas, à medida que o alcance do ato é mais amplo, também esta previsão deve estender-se a seu conjunto. O aprendizado do labirinto não se faz elemento por elemento, de encruzilhada em encruzilhada. É antes um esboço do conjunto remanejado de prova em prova. As unidades não estão ali primeiro justapostas para fundir-se em seguida num todo; mas, ao contrário, delineiam-se, especificam-se, individualizam-se, em razão de seu lugar no conjunto ao mesmo tempo que em razão de seus traços singulares. É uma sucessão qualitativa, na qual as diferenças qualitativas se requintam e se afirmam de prova em prova. O efeito não é exterior ao ato; é ao mesmo tempo seu resultado e seu regulador.

Temos aqui uma forma de organização ainda bastante elementar. Em vez de uma intuição de certo modo instantânea, que faça captar uma relação direta e total entre o objetivo, as circunstâncias e os meios, trata-se de uma experiência inicialmente confusa, em que os gestos possíveis são pouco a pouco postos em relação com suas consequências imediatas e com o objetivo final. O resultado desta somatória não é ainda um ato único e irrevogável de intelecção; é a passagem progressiva de um sentimento difuso e débil à percepção total da situação. Assim, as reações úteis são filtradas cada vez melhor às custas das outras. A forma mais simples desta capacidade seletiva é uma sensibilidade ligada às particularidades da situação e que as agrupa, as organiza, sob a influência da atividade manifestada pelo animal, conforme suas necessidades e seus objetivos. À medida que o nível da operação se eleva, a previsão das consequências torna-se mais rápida. Mas, em nenhum caso falta a intuição fundamental que une o ato ao efeito. Seus resultados, que dependem da capacidade que o animal tem de organizar sua ação em função de suas percepções e suas percepções em função de sua ação, chegam a diferenças que poderiam parecer diferenças de natureza, se passamos da galinha ou mesmo do rato aos macacos superiores.

***

Foi para contrapô-lo às experiências de "tentativas e erros" que Koehler[5] estudou o comportamento dos chimpanzés. Ele limita-se a separá-los da presa cobiçada por um obstáculo, que pode ser ou simplesmente

---

5. KOEHLER, W. *L'intelligence des singes supérieurs*. Paris: Alcan.

uma distância demasiado grande para ser transposta com pulos, ou uma rede de arame que os mantém afastados demais para poderem agarrar a presa, ou uma barreira que os impede de trazê-la diretamente até eles. Mas o campo onde se move o animal não deixa de apresentar certas circunstâncias cuja utilização depende de sua habilidade. Não bastará avaliá-la pelas dificuldades superadas; tentaremos sobretudo decompô-la em suas operações essenciais.

Na simples acrobacia, que o dispositivo da experiência aqui induz ao erro, o melhor rendimento dos automatismos, quer naturais, quer adquiridos, supõe uma representação dinâmica do corpo em seu espaço motor e seu ajustamento com precisão crescente a um número crescente de pontos de apoio que o mundo exterior pode oferecer. Cada detalhe das coisas é absorvido, assimilado, integrado pelos gestos em potencial. Confunde-se com a intuição das possibilidades dos gestos, às quais ele permite de resto diversificar-se, fornecendo-lhes um registro mais ou menos amplo de apoios. As relações no espaço estão ainda totalmente incluídas na imagem que o animal, conforme as circunstâncias, sabe fazer de suas capacidades motoras. Totalmente diferente é a imagem de que ele precisará para superar, por um artifício qualquer, o intervalo que se abre em seu campo de ação entre a presa e os gestos que lhe são possíveis. É por alguma coisa exterior aos gestos que estes deverão ser completados. No campo de ação, o gesto da percepção deve tender a prevalecer sobre o gesto dos automatismos motores. Cabe agora mais aos movimentos se integrarem no detalhe das coisas ou da topografia do que o inverso. O campo de ação não deve mais fornecer aos movimentos apenas pontos de apoio; é dele que os movimentos precisam obter seus procedimentos e suas direções. As relações no espaço já não são apenas aquilo que entra por si nos gestos a executar, mas são aquilo que ordena entre si posições ou formas. A este estágio corresponde o primeiro emprego dos instrumentos ou do estratagema.

O instrumento pode, aliás, começar por entrar mais no primeiro caso do que no segundo. Por exemplo, a vara que alguns macacos usam ordinariamente para saltar. Erguendo-a verticalmente, trepam rapidamente nela para se lançarem sobre a presa. É um simples ponto de apoio, como o fornecido pelas árvores, mas que eles carregam consigo para dele se servirem em caso de necessidade. Sem dúvida já é um progresso considerável este ato de previsão e, sobretudo, esta capacidade de desligar das configurações brutas oferecidas pela natureza a circunstância que serviu, o traço que pode servir. Mas a vara ainda não é senão aquilo que é necessário para trepar. Certos animais parecem não distinguir nem mesmo as dimensões dela. Apoiam-na indiferentemente sobre sua extremidade mais grossa ou mais fina. O bastão, do qual o animal eventualmente se apodera quando constatou que seu braço é muito curto para alcançar a presa, implica uma intuição já completamente diferente. Intercala-se no espaço visual entre o gesto e o objeto, em vez de ser apenas a condição do gesto. Ele aumenta o alcance do gesto e introduz-se na esfera da ação por intermédio e sob o controle da vista, ao invés de pertencer ao complexo de impressões e de reflexos dos quais resulta o automatismo. Mas a descoberta e o aprendizado de seu uso, de seus empregos, comportam ainda muitos graus.

Um exemplo mais simples do que o bastão tornará mais fácil compreender a progressão. Atrair para si o objeto com a ajuda de um barbante ligado a ele está ao alcance de algumas espécies animais. Para as outras espécies o barbante é considerado inexistente; todos os gestos do animal estão voltados para o próprio objeto. Concentrada apenas sobre o objeto, a percepção não sabe se distribuir sobre o ambiente, sobre seus anexos, sobre as particularidades de sua estrutura. Nenhuma relação distinta pode ainda interpor-se utilmente entre o objeto e o complexo desejo-automatismo que ele suscita. No caso contrário, a distância entre o animal e o objeto é um trajeto cujos detalhes e cuja estrutura são perceptíveis e que estabelece entre eles uma ligação virtual, tornada real pela visão do barbante. Se este é utilizado, é porque o animal sabe circundar o motivo que mobiliza sua atividade com um campo perceptivo mais amplo e sobretudo mais bem diferenciado.

O emprego do bastão é mais difícil, porque o bastão não está já no lugar como o barbante. Esse emprego não é visto, ele deve ser imaginado entre os gestos do animal e a presa. A diferença é de grandíssima importância. Em consequência de certas lesões cerebrais, o homem pode perder a capacidade de colocar um objeto numa posição prescrita e segundo um modelo até muito simples, enquanto continua perfeitamente capaz de discernir as posições já efetuadas dos objetos. Entre as duas aptidões existe um limiar. Ao que parece, apenas os antropoides superiores o transpuseram. No entanto, para ser utilizado, o próprio bastão deve ser compreendido no mesmo ato perceptivo que a presa. Se, colocado atrás do animal ou ao lado, o bastão não pode ser abrangido no mesmo conjunto visual, ele permanece irremediavelmente estranho aos esforços do animal para se apoderar do objeto. O bastão não é, portanto, um instrumento de uso conhecido. Não recebe seu significado de instrumento senão do campo perceptivo em que ele entra. Este campo é sem dúvida menos inerte do que o do barbante. Ele aparece aos gestos do animal como mais ou menos modificável. Cabe a estes interpor entre eles e o objeto o intermediário que ainda não está ali. Na realidade, o campo perceptivo é essencialmente um campo de ação; e a ação, segundo seu nível, é mais ou menos capaz de discernir ou de remanejar as estruturas do campo perceptivo. Ela integra nele circunstâncias mais ou menos numerosas, diversas ou oportunas. Ela o ordena no sentido de suas necessidades e chega assim a uma solução mais ou menos rápida, mais ou menos satisfatória. Ela não ajunta nada sem fundi-lo ao mesmo tempo em sua própria unidade. Age como uma força constelante, cada elemento tendo sentido apenas na situação por ela criada. O bastão, interpondo-se entre a trajetória dos movimentos em direção ao objeto, torna-se instrumento, mas não o era individualmente. Da mesma forma, o barbante só pôde servir para puxar o objeto na medida em que entrava com ele numa espécie de unidade perceptiva que lhes dava uma espécie de continuidade no espaço.

Por mais que os instrumentos estejam confundidos com os gestos e o alvo, o animal ainda parece, com efeito, reduzir sua ligação recíproca a simples contatos ou apenas à contiguidade. As relações mecânicas não são para ele senão relações geométricas, e muito grosseiras, muito lacunares, muito dissociadas. Basta que o barbante toque o objeto, sem estar preso nele, ou até que a extremidade oposta àquela que ele segura não esteja muito afastada do objeto, para ele puxar e parecer decepcionado que o barbante venha sozinho. Reconhecendo que nenhum dos dois bastões de que dispõe é bastante longo para vencer a distância entre o objeto e seu braço estendido, ele empurra um com o outro até fazê-lo tocar o objeto, como se assim pudesse trazer o objeto até si. Percebendo que os bastões devem ser colocados ponta contra ponta, ele os segura assim na mão, dando a seu comprimento somado o comprimento do intervalo, mas sem imaginar de início que lhe é impossível transferir um sobre o outro, como se ele fosse incapaz de projetá-los num espaço único. Não se trata, com efeito, de incapacidade construtiva. Ele conseguirá muito bem encaixar na ponta oca de um bambu a ponta mais fina de um outro bambu, de maneira a fazer um único bastão. Mas é sua participação própria nas coisas dispostas no espaço que o incomoda e que ele não sabe incorporar suficientemente no espaço objetivo das coisas. Ele não sabe integrar seu espaço subjetivo e motor no espaço onde os objetos têm suas distâncias e suas posições recíprocas, como num meio comum a todos e impessoal.

Se a presa está colocada alto demais, o chimpanzé sabe também descobrir que, subindo numa cadeira ou sobre duas caixas superpostas, lhe é possível diminuir a distância à medida de seus pulos. Mas também aqui a entrada da caixa em seu campo de ação exige que ela não esteja afastada do alvo mais do que o ato perceptivo pode abarcar. Também aqui é o espaço subjetivo que prevalece, pois a caixa não é trazida o mais próximo possível para debaixo do objeto, mas é deslocada justamente o quanto é preciso para compensar a insuficiência dos pulos que o animal é capaz de dar. Acontece-lhe também mantê-la debaixo do alvo, sem pousá-la no chão para subir em cima; justamente como apertava na mão os dois bastões ponta contra ponta, sem saber como fazê-los tocar o objeto. Por fim, ainda lhe escapam aqui as relações mecânicas ou de equilíbrio, mesmo geométricas. Se ele deve colocar uma caixa sobre a outra, ele o faz tão mal que apenas dá tempo de subir antes que ela desabe. Parece que o animal não percebe nenhuma imagem clara das arestas e das superfícies, dos cheios e dos vazios. Em vez de colocar as caixas horizontalmente, ele as coloca muitas vezes sobre um ângulo. Aquela que deve servir de base ou de trampolim é às vezes colocada com a abertura para cima. Portanto, o animal desconhece sua estrutura de volume e de forma.

O fato é geral. O próprio bastão, fora do papel que a situação o obriga a desempenhar, é muito mal identificado quanto às suas qualidades intrínsecas. Por um lado, com efeito, ele é ocasionalmente substituído por objetos que têm com ele apenas uma semelhança muito aproximativa de comprimento, como um feixe de palha, uma orla de chapéu e mesmo uma gamela: parece que o gesto o absorveu embora suscitado e configurado por ele, e depois procura um objeto qualquer para repetir-se. Por outro lado, o bastão não é reconhecido se pertence a um conjunto já constituído.

O chimpanzé não tem a ideia de arrancá-lo de uma caixa ou de pegar um galho de um tronco de rícino que está cortado a seu lado. Ele empunha o tronco inteiro, embora grosso demais para ser passado através da rede de arame.

Em compensação, uma vez empunhado o galho, o macaco o emprega para todo tipo de usos: alargar os buracos da rede; introduzi-lo nas frestas da tampa no tonel de lixo e lambê-lo em seguida; usá-lo como alavanca para erguer a tampa; cobri-lo de baba para capturar formigas e levá-las à boca; limpar o pé dos excrementos onde pisou; cutucar um lagarto fingindo medo; provocar uma galinha; brandi-lo como se fosse uma arma de combate; usá-lo para atiçar o fogo; tocar uma cesta de metal eletrizada que contém frutas; empregá-lo como instrumento para cavar o solo com a ajuda dos dentes, da nuca ou do pé. Efeitos tão variados fazem do bastão uma verdadeira vara mágica, mas não um instrumento. Devem-se mais às circunstâncias do que às qualidades do bastão como tal; são acidentais e muitas vezes bizarros. O emprego do instrumento depende, pelo contrário, estritamente de seu feitio; ele corresponde ao exercício de uma aptidão que é abolida pela agnosia; apenas na espécie humana encontrou um desenvolvimento histórico.

Em certos casos, é verdade, aparece uma adequação mais estreita entre o objeto e sua utilização. A presença de palha ou de ramos flexíveis induzem o macaco a dobrá-los ao redor do corpo, a fazer com eles um ninho, mesmo que ele seja bem pequeno e não tenha experiência da floresta: seria uma revivescência de hábitos ancestrais? Ele gosta de prender folhas, trapos, caixas de folha-de-flandres nos dentes, nas costas, nos braços, nas pernas; de desfilar e dançar com estes objetos, cujos balanços e sacudidelas, muito mais que o efeito ótico, são a fonte de sua alegria: simples acompanhamento e estimulante de sua exaltação gestual. Ele borra aquilo que o cerca com tinta descoberta num pote. Mas ele começou por colocá-la na boca e, como o gosto não era agradável, passou a enxugar os lábios em objetos próximos; foi então que, vendo a mancha produzida, começou a usar as mãos em vez do rosto para espalhar a pintura. Não há aqui nada que vá além da lei do efeito[6] e isto está ainda longe das manobras, no entanto bastante formais, da criança que descobre o eixo fazendo girar sistematicamente uma maçaneta, que descobre a dobradiça mexendo de um lado para outro um batente de porta, que descobre a corrediça puxando e empurrando uma gaveta, que descobre o estojo dando um conteúdo exato a um escrínio ou a um cofre, experimentando nela mesma ou em outra pessoa uma luva ou uma botina.

A atividade de que o animal é capaz não está voltada para o conhecimento, mas para o resultado perceptível ou útil; ela não tende ao geral, mas ao caso particular. Ela não retém do objeto senão o recurso de que ela momentaneamente tem necessidade, insensível ao resto de sua estrutura. Além disso, somente o gesto se inscreve no comportamento; o objeto correspondente é esquecido, sua conformação própria sendo até tão mal conhecida a ponto de ele muitas vezes constituir

---

6. Cf. WALLON, H. *L'évolution psychologique de l'enfant*. Parte II. Paris: A. Colin, cap. 1.

um obstáculo ao ato, embora evocando-o. Passaram-se dezenove dias entre a primeira vez que um macaco usou uma caixa para atingir seu alvo e a repetição desta solução. No intervalo, apesar de ver a caixa suficientemente perto da presa para que um deslocamento mínimo lhe permitisse utilizá-la, ele se limita por diversas vezes a manipulá-la desajeitadamente como se dissesse para si: "Daria para fazer alguma coisa com esta caixa, mas o quê?" Diante de uma caixa com a abertura voltada contra o solo e que contém uma banana, o animal, pensativo, não tem a ideia de virá-la; mas, encontrando ao lado uma gaiola em posição correta, ele entra. Como que detido pela disposição, embora modificável, do objeto, contenta-se com um ato de certa forma analógico. Do mesmo modo, não tendo conseguido puxar suficientemente a corda enrolada no trapézio, para balançar-se e alcançar a presa, ele faz, no entanto, um movimento simbólico de oscilação junto à corda muito curta.

Para o chimpanzé o mundo é mais ação e movimento do que intuição objetiva. Ele se percebe ali, sobretudo, como um corpo em movimento entre outros corpos em movimento. É mais frequente, por exemplo, vê-lo pular sobre uma viga no exato momento em que a cesta de frutas, balançada na ponta de uma corda, se aproxima suficientemente para ele poder agarrá-la, do que levá-lo a deslocar um objeto, mesmo leve, que o separa da presa. Ao que parece, ele não entende direito as coisas a não ser em forma dinâmica e em combinação com sua própria atividade. A imagem da realidade estática e permanente das coisas suporia a capacidade de reduzi-las a traços fixos e coordenados, ou seja, dissociáveis e individuais. Ora, o macaco não tem nem mesmo a noção do equilíbrio estático; não tem o sentimento da vertical, como aparece quando ele deve colocar uma caixa sobre outra. Ele ainda não sabe distinguir as coisas no espaço das coisas no tempo, ou seja, as coisas imobilizadas em sua posição e em sua forma num dado instante, dos movimentos e das mudanças que elas podem sofrer.

Mas ele supera outras espécies animais graças à sua intuição dinâmica do espaço, que é algo positivo e que tem níveis muito diferentes. Sua capacidade de utilizar como instrumentos os objetos que podem se encontrar em seu campo visuomotor confunde-se com a capacidade de realizar combinações, montagens, *estruturas*, de organizar este conjunto de extensão, de coisas e de gestos que é o espaço concreto, em função dos objetivos para os quais tende o seu desejo. É o que mostra também o emprego do estratagema. O primeiro movimento é o de trazer para si a presa pelo caminho mais curto. A linha de força que então se desenvolve entre os dois pode tornar-se tão exclusiva que o animal se esfalfa em gestos de apropriação, mesmo inúteis, até ficar esgotado. Mas ele pode também, como consegue o chimpanzé, imaginar um trajeto indireto. A experiência-tipo consiste em colocar a fruta cobiçada numa gaveta, com o lado do fundo sem parede e voltado em sentido oposto ao animal, que é mantido atrás da sua rede de arame. Antes de puxar a fruta para si, é preciso, portanto, primeiro afastá-la e deslocá-la lateralmente, o que supõe a capacidade de compreender, numa intuição simultânea, posições que devem ser sucessivas e de controlar a sequência dos deslocamentos reais de acordo com esta trajetória ideal. A experiência mostra que muitíssimas vezes o animal falha e que o emprego do estratagema é de vez em quando comprometido pela tendência a puxar o objeto diretamente para si.

A intuição dinâmica do espaço no chimpanzé seria, segundo Guillaume e Meyerson, análoga à intuição exigida pelo jogo de bilhar. Permanece grande, no entanto, a diferença entre as duas. Na intuição dinâmica do animal, a intuição do próprio corpo em movimento está essencialmente presente a toda a duração da ação. No choque calculado que encarrega a bola de desencadear repercussões previstas, o esquema dinâmico que motiva o gesto identificou-se, por transferência, com o campo do bilhar. Mesmo quando o animal deve fazer o objeto contornar obstáculos, o gesto não deixa de modelar-se pelo resultado. É considerável o intervalo entre o ato de costear o limite visível que se contrapõe provisoriamente à aproximação do objeto e o ato de imaginar, como eventual espectador, uma sucessão de trajetos num campo de choques e de movimentos transmitidos. A mudança de nível, ou antes de plano, é aliás muito mais radical ainda quando a intuição das relações no espaço não permanece mais suspensa ao gesto, mas destaca-se dele para tornar-se conhecimento geométrico ou mecânico, ou seja, um sistema de relações e de movimentos aos quais aquele que os imagina e os estuda permanece estranho.

Aquilo que Koehler quis ressaltar de modo particular nos êxitos do animal capturando sua presa é que eles não resultam de retoques sucessivos ou de detalhes que se acrescentam, como levaria a crer o método das tentativas e erros, mas surgem cada um como uma constelação indivisível, em que nenhum elemento tem sentido nem existência senão em relação ao conjunto. A solução acontece repentina e total em sua estrutura original, que as tentativas anteriores não anunciavam. O desejo de apropriação faz surgir entre o sujeito e o objeto um campo de forças cujas configurações possíveis dependem, ao mesmo tempo, dos acidentes próprios ao campo exterior e das circunstâncias que podem aparecer no campo das conexões nervosas. É deste último que dependem as diferenças de nível intelectual entre as espécies animais e entre os indivíduos da mesma espécie. Estreitamente complementares, os dois campos não têm motivos para serem distinguidos senão para analisar suas respectivas condições. Os efeitos que surgem denotam sua fusão íntima. Quanto mais estreita, aliás, é esta fusão, tanto mais determinadas e mais específicas serão as estruturas que ali podem esboçar-se. Estas nada têm a ver com tateamentos que levariam ao resultado por intermédio de pequenas e contínuas correções.

O grande mérito desta concepção é o de romper com a fragmentação prévia do real em termos ou entidades, que demasiadas vezes são considerados mais reais do que a própria experiência e cujas recombinações são um problema que vem substituir os verdadeiros problemas. Mas esta mesma concepção tornou-se um sistema rígido que mutila o real. Partindo de engenhosas experiências sobre a percepção visual, que mostravam como um desenho pode mudar bruscamente de significação em consequência de mudanças mínimas no detalhe dos traços ou, pelo contrário, manter a mesma significação apesar de importantes retoques, ela foi estendida, por um lado, à interpretação do mundo físico e, por outro, à dos comportamentos no mundo dos seres vivos. Esta concepção introduziu ali a noção de conjuntos ou estruturas, que nada deveriam senão a si mesmos, distintos uns dos outros e que foi possível comparar às ideias platônicas. Em todos os casos, o intervalo entre os conjuntos seria neutro e sem realidade.

Contraposta à psicologia das tentativas e erros temos uma psicologia em que só contam os êxitos e em que estes bastam a si mesmos. As tentativas precedentes não teriam nada a ver com eles; as tentativas que fracassam seriam como que inexistentes. A simples observação mostra, pelo contrário, que elas se transformam e, portanto, contribuem cada uma para modificar o comportamento do sujeito e para levá-lo até ao instante da solução. Sem dúvida pode não haver nenhuma semelhança aparente nem entre as tentativas nem com o êxito final. Mas no mundo físico também ocorrem mudanças repentinas de equilíbrio e no mundo biológico mutações que, sem assemelhar-se aos estados anteriores, não sucedem sem motivo a eles e os substituem quando uma acumulação suficiente de circunstâncias torna inevitável a metamorfose. É a quantidade que se transforma em qualidade. Aqui as tentativas, mesmo infrutíferas, não têm apenas um valor negativo. Através delas prossegue a fase aguda do ato, aquela em que o insucesso agrava o conflito entre a necessidade, o desejo, a necessidade afetiva ou vital e o obstáculo; daí uma reorganização, uma liquidação das reações costumeiras, das estruturas antigas e um reagrupamento em estruturas novas dos fatores e circunstâncias que se encontram no campo de ação e que esta é capaz de ativar de forma cada vez mais seletiva.

A teoria da "forma" ou Gestalt, de que Koehler é um dos protagonistas principais, coloca muito bem em destaque a invenção como um fato original e criador, mas transforma-a num absoluto, milagre ou predestinação, que se isola da vida e do devir psíquicos e não encontra mais neles sua explicação. Querendo mostrar que a invenção é irredutível a um pluralismo de elementos individualizados, que se combinariam ou se excluiriam como que mecanicamente entre si, remontando para aquém da distinção entre sujeito e objeto que, com efeito, não é dualismo primitivo, mas desdobramento evolutivo, a teoria da Gestalt deixou-se levar a ignorar sistematicamente a própria evolução, que é uma sequência de dificuldades ou de conflitos resolvidos. A tentativa e o êxito, o erro e a descoberta, o esforço e a realização têm entre si uma solidariedade íntima e necessária. Menosprezar um é retirar todo apoio ao outro. Quando a contradição se impõe, é preciso resolvê-la. Esquivá-la é fazer justamente o contrário, não resolvê-la. Uma escapatória é assimilar, como anteriormente, os dois termos entre si; uma outra é, como aqui, suprimir um dos dois.

***

Também a criança foi colocada diante de provas semelhantes àquelas do chimpanzé. Buehler chegou até a chamar de idade do chimpanzé a idade de um ano, na qual a criança é capaz de resolver os mesmos problemas que o macaco. Mas a comparação não pode ser exata. Na inteligência prática do macaco entra uma dose demasiado grande de agilidade motora para que, com um ano de idade, a criança seja capaz de rivalizar com ele. Em compensação, provas gradualmente mais difíceis permitiram a André Rey[7] acompanhar os progressos desta inteligência na criança até aos catorze ou quinze anos. Mas no intervalo ocorreu um brusco desnível entre os dois: quando a criança começa a falar. Mas não parece que, no início, a mudança seja sempre a seu favor.

O sincronismo entre o aparecimento da linguagem e a diferenciação de comportamento entre o macaco e a criança levanta um problema de causalidade. Será que é sob a influência direta da palavra que o comportamento se modifica? A ação do homem é, com efeito, pontuada por códigos verbais ou mentais que regulam a cada instante a sucessão de suas fases e de seus meios. Tornadas o mais das vezes íntimas, elípticas, implícitas no adulto, esses códigos ainda se exteriorizam na criança sob as aparências da "formulação verbal". Se fosse este o mecanismo que operasse a transformação, então a inteligência prática deixaria de ser intuitiva para tornar-se discursiva. Ela funcionaria por encadeamento progressivo de argumentos entre si. Certamente não é possível que a palavra, uma vez entrada nas aptidões da criança, não se infiltre nos diferentes domínios de sua atividade. Mas estaria aqui o essencial da mudança, e passaria a inteligência das situações por uma completa e verdadeira metamorfose?

---

7. REY, A. *L'intelligence pratique chez l'enfant*. Paris: Alcan, 1935.

O lugar exato da linguagem nestas variações do comportamento ficará mais bem ressaltado, sem dúvida, por uma comparação entre os que a perdem e os que a adquirem. Também entre os afásicos constatou-se uma mudança de suas aptidões práticas e mais particularmente uma regressão em sua capacidade de compreender e utilizar as relações espaciais. É o desaparecimento da palavra interior que Head incriminava. Se, por exemplo, diante daquele que o examina, o afásico não sabe mais levantar ao mesmo tempo que ele o braço direito, mas levanta o esquerdo, ao passo que, colocados ambos diante de um espelho e a pessoa que o examina atrás, ele executa do lado certo aquilo que ele vê o operador fazer, isto se deveria ao fato de ele não saber mais ditar para si mesmo "direita" ou "esquerda". Mas experiências de van Woerkom, igualmente com afásicos, mostram que o distúrbio é muito mais profundo. Estende-se a todos os casos em que o sujeito deve, não mais limitar-se a reconhecer as posições atualmente ocupadas pelos objetos e a sobrepor-lhes outros, mas procura efetuar uma posição no espaço vazio. Por exemplo, ele não saberá colocar um fósforo na posição simétrica a outro já colocado, nem paralelamente, nem mesmo a uma distância qualquer. Mas tenderá sempre a colocar o objeto sobre ou contra o objeto já colocado e, em vez de colocá-lo bem no meio de um espaço vazio, tenderá a empurrá-lo para o limite ou para a beirada desta superfície. Van Woerkom destacou igualmente, no afásico, alterações inteiramente semelhantes na capacidade de reproduzir ritmos.

É aqui, sem dúvida, que está o elo entre a linguagem e a intuição espacial[8]. Assim como o ritmo, a linguagem deve detalhar-se no tempo. Mas esta sucessão ordenada supõe uma simultaneidade inicial, uma intuição global das partes que terão que se distribuir de uma certa forma na duração e que devem já ocupar certas posições recíprocas. Estas posições são, é claro, puramente ideais. Supõem um espaço sublimado, mental. E este espaço, distinto do espaço concreto que se confunde com o espaço ocupado atualmente pelo campo da percepção, é o meio onde devem também poder esboçar-se ou ser imaginadas posições ou trajetórias que faltam ainda realizar. Uma mudança na ordem espacial das coisas, que não é um dado efetivo e direto da percepção, escapa à representação cada vez que não há intuição de um espaço que vá além daquilo que é, de um espaço em potência.

É justamente assim que podem ser interpretadas as observações de Boutan, que foi o primeiro a assinalar o fato, sobre o comportamento comparado de um gibão e de uma criança antes e depois da idade da palavra. Devendo ambos se apoderar, dentre diversas caixas alinhadas, daquela que contém uma guloseima; para ambos, o aprendizado não tardou a colocar sua escolha ao abrigo dos erros. Mas, quando se troca o lugar das caixas, a macaca e a criança que não fala, totalmente desnorteadas, nada mais fazem que tentativas ao acaso e o aprendizado anterior torna muito mais difícil um novo aprendizado. A criança que fala, pelo contrário, não tem necessidade de muitas provas

---

8. Cf. Parte III.

para seguir a caixa em seus deslocamentos, se estes correspondem a uma ordem regular. Não é evidente que isto se deve à sua aptidão de traçar idealmente a trajetória das posições sucessivas ocupadas pela caixa? A enunciação verbal destas posições ultrapassaria em muito, nesta idade, suas possibilidades linguísticas. Trata-se, portanto, de uma operação mais elementar, mais próxima ainda da ação diretamente misturada às coisas, mas que possui certas condições comuns com a linguagem.

Antes de um ano de idade, os atos da criança não parecem ultrapassar a motivação psicológica do efeito, e é a percepção de seu próprio resultado que os leva a se reproduzirem, pelo menos na medida em que uma curiosidade ou um interesse quaisquer se liguem a este resultado: assim, por volta de um ano de idade, ela deixa cair e joga no chão os objetos unicamente para vê-los cair e ouvir o barulho ou para fazer com que sejam novamente ajuntados; ela repete o gesto que fez o objeto por ela segurado retinir sobre aquele em que ela bate. Por volta dessa idade aparece o manuseio ou o emprego das coisas segundo certos detalhes de estrutura. A criança procura enfiar um caderno num envelope[9], superando depressa a dificuldade de não entrecruzá-los (1 ano). Procura introduzir numa fechadura as chaves que ela encontra. Folheia um livro; empurra e puxa uma gaveta em sua corrediça. E utiliza também todo tipo de objetos como adorno. Um pouco mais tarde ela sabe ligar, ao objeto, empregos que as circunstâncias a levaram a descobrir. Utiliza uma pequena

---

9. Exemplos de Wintsch.

cadeira, não apenas como assento, mas como escabelo, e, vindo a faltar a sua cadeira, transfere este papel a outros objetos mais ou menos análogos (1 ano e 7 meses). Após um resfriado que a obrigou a aprender o uso do lenço, o lenço que ela traz no bolso é para ela ocasião para tirá-lo trinta vezes do bolso, durante um passeio, para imitar o gesto de assoar-se (1 ano e 10 meses). O objeto pode tornar-se também o ponto de partida de atos sucessivos que reproduzem situações mais ou menos complexas. O ato pode então ser sobretudo um ato de imitação ou de costume. Tendo deixado cair uma caixinha de pó de arroz e derramado o conteúdo, a vista de uma escova leva a criança, pela primeira vez, a reproduzir o gesto de varrer de outra forma que não por imitação imediata (1 ano e 8 meses). Como o edredom de sua cama fora retirado por causa do calor, ela vai procurá-lo e enfia-se debaixo dele; são necessários alguns dias para ela admitir a mudança (1 ano e 10 meses). Ao lhe perguntarem o prenome e o nome de família, ela mostra um bracelete-identidade recebido alguns dias antes (2 anos). Este gesto torna-se um verdadeiro estereótipo que dura meses e anos. Assim, desde cedo sua atividade é de fonte bastante heteróclita. É feita, em grande parte, de repetição, de montagem ou mesmo de imitação. Mas a invenção inteligente, a descoberta instrumental manifesta-se também aqui como na atividade do chimpanzé.

Pode-se observar, no entanto, uma primeira diferença, que é a tendência de a criança exigir a assistência do adulto: o campo de sua atividade útil é o ambiente psíquico; ela leva muito tempo para poder satisfazer qualquer uma de suas necessidades ou desejos sem a ajuda das pessoas que a cercam. Constatando que um objeto lhe é inacessível, mas querendo ela própria agarrá-lo, pede que a levem até o alvo ou que o abaixem até ela. O uso de sua própria cadeira e da mesa pode estar retardado[10]; só é descoberto se elas já estão suficientemente próximas do objeto (3 anos e 6 meses). Aos 4 anos e 10 meses, a criança ainda não tem a ideia de colocar uma cadeira sobre uma caixa, mas substitui uma pela outra. O manuseio do escabelo não leva a outra coisa senão à utilização individual dos objetos. Estes parecem ter menos tendências a se fundirem num suporte único do que para o animal.

Uma segunda diferença entre os dois – a criança e o animal – é, com efeito, que a criança parece muitas vezes representar o instrumento antes de utilizá-lo. Ela sabe, ela se lembra antes de agir. Depois de fazer tentativas vãs para mostrar que não é capaz de trepar, ela diz: "Não posso, sou muito pequena. [...] É preciso uma escada. [...] Em casa tenho uma escada" (4 anos). A imagem da escada impede-a de ver espontaneamente que ela poderia usar a cadeira à maneira de escada. Da mesma forma, após alguns gestos na direção do objeto, ela diz: "É preciso um bastão", sem perceber que um trilho de cortina ao lado dela poderia muito bem substituí-lo. A ideia de certo instrumento parece encobrir-lhe os elementos utilizáveis da situação. Mostram-lhe os trilhos de cortina, que são muito curtos. Ela os troca entre si, embora sejam semelhantes: aliás, também o macaco faz a mesma coisa. É preciso ainda que aproximem dela uma cadeira. Mas deixam-na a um metro do

---

10. Exemplos de André Rey.

objeto. A criança sobe na cadeira, corre o risco de cair ao dirigir o trilho de cortina na direção do alvo muito afastado. Não tem a ideia de empurrar a cadeira para debaixo do objeto (4 anos e 3 meses). Para a criança, portanto, o campo perceptivo não se organiza da mesma forma como para o macaco, que é capaz de ajustar a distância do trampolim à capacidade de seus pulos. Uma outra criança de 4 anos e 7 meses mostra uma incapacidade ainda mais acentuada na utilização dos meios que a cercam. Como ela se entrega a esforços vãos, é preciso fazê-la perceber o bastão que está perto dela. Não conseguindo ainda sair-se bem, ela arrasta uma cadeira na direção do objeto. Mas esta é baixa demais. A criança lastima então não ter a cadeira da sala de aula, que, no entanto, é mais baixa ainda. Sempre a imagem de certo objeto, mesmo que não adaptado. É a partir dos 5 anos que o problema é superado, mas gradualmente. A criança pode ter a ideia de colocar um estrado sobre outro: é o método construtivo. Pode procurar trocar uma cadeira mais baixa por outra mais alta: é a substituição dirigida. Pode acontecer, por fim, que a criança saiba muito bem ir procurar espontaneamente uma cadeira, mas chega a trocar indistintamente cadeiras baixas e cadeiras mais altas.

O erro quanto às dimensões é, com efeito, muito persistente na criança. Aos 5 anos, ela ainda não sabe compará-las quando o objeto muda. O tamanho do objeto está ainda na fase pré-categorial[11]. Permanece incorporado à forma e ao conjunto das qualidades que

---

11. Cf. WALLON, H. *L'évolution psychologique de l'enfant*. Parte III. Paris: A. Colin, 1942, cap. 4.

constituem o objeto percebido. Assim, procurando um escabelo que lhe permita alcançar o alvo, a criança faz confusão entre uma mesa de 0,50m, uma cadeira de 0,45m, uma mesa de 0,60m, uma tábua de 1,70m. Parece haver aqui conflito entre o comprimento ótico e o comprimento utilizável, entre a altura e o volume, entre as dimensões e a forma. Enquanto o animal introduz intermediários de grandeza conveniente em seus gestos, sem parecer detido pela natureza dos próprios objetos, a criança confunde entre si as propriedades do objeto, esperando aprender a utilizar cada uma como meio de classificar e de comparar os objetos entre si sob este ponto de vista especial.

Uma outra ilusão é significativa. O macaco, percebendo que o bastão é muito curto, agarra muitas vezes dois e os segura na mão ponta contra ponta sem poder, por conseguinte, utilizar o comprimento total para alcançar o objeto. O simples comprimento ótico faz as vezes de comprimento sobreponível a certa distância. A criança parece proceder de forma ainda mais ingênua. Chega (aos 4 anos e 1 mês) a segurar os dois bastões um paralelo ao outro como se fosse um feixe. Numa outra prova, em que se trata de pescar num frasco um objeto munido de um gancho, em vez de colocar os fios muito curtos ponta contra ponta, ela também os põe um ao lado do outro. Uma outra criança segura um bastão em cada mão e faz esforço com as duas mãos. O comprimento do conjunto, portanto, não é aumentado de forma alguma. Há simples consciência de uma pluralidade necessária, um só bastão ou um só fio não sendo suficientes: a ilusão ótica dá lugar à ilusão numérica. O resultado parece ainda menos satisfatório, mas tem como causa a intervenção do número, que aos simples dados sensoriais da percepção acrescenta um determinante já intelectual. Assim, uma regressão aparente no efeito pode dever-se à influência de uma instância mental mais elevada.

As combinações instrumentais tentadas pela criança mostram que seus fracassos ou seus tateamentos devem-se à sua incapacidade de preencher, com os meios de que ela dispõe, a distância a vencer. Ela não sabe imaginar, por exemplo, que dois escabelos sobrepostos colocariam o objeto ao seu alcance (4 anos e 11 meses e 5 anos e 5 meses). Uma outra criança de 5 anos e 6 meses, pelo contrário, coloca imediatamente duas caixas uma sobre a outra e depois, no momento de acrescentar uma terceira, ela muda de ideia e serve-se desta para subir no tablado. Temos aqui, portanto, um ajustamento perfeito do instrumento às dimensões do espaço. Na associação do bastão e da cadeira, uma criança de 4 anos e 11 meses tenta primeiro a preensão direta, e depois o emprego de uma cadeira, que ela substitui por uma cadeira mais alta; em seguida recorre a um trilho de cortina sem cadeira; vem-lhe então a ideia de combinar o trilho e a cadeira, mas esta está muito afastada; por fim, ela só tem êxito utilizando, junto do trilho, uma cadeira grande que havia permanecido embaixo do alvo. Esta sequência pouco metódica de tateamentos atesta uma evidente falta de previsão, e esta imprevisão atesta a incapacidade de fazer coincidir na mesma intuição espacial aquilo que, no espaço percebido, ainda não coincide: a distância a superar e aquilo que deve permitir superá-la. Uma criança de 5 anos e 10 meses, pelo contrário, constatando a inutilidade de seus esforços com trilho de cortina, coloca dois trilhos ponta contra ponta, mas, não tendo com que prendê-los, avista de repente uma cadeira, coloca-a no lugar, sobe nela e derruba o objeto com seu trilho. Não são os procedimentos que faltam quando se tornaram comensuráveis com a distância a vencer.

Numa outra prova, geralmente realizada com êxito por volta dos 5 anos, a criança deve ficar diante de um engradado, de frente para a parede do fundo que contém frestas, e retirar com a ajuda de um bastão, por uma abertura situada na parede da esquerda, uma caixinha, colocada numa gaveta cujo lado do fundo sem parede está voltado para a parede contínua do engradado, ou seja, para o lado oposto à criança. Nesta situação, três condutas podem se alternar, contrapor ou combinar: a) a criança trazer diretamente a caixinha para si, fazendo-a saltar por cima da parede da gaveta que está mais próxima dela: mas a caixinha, ao chegar perto dela, é detida pela parede, cujas frestas são demasiado estreitas; b) a própria criança deslocar-se e colocar-se diante da abertura, de forma a poder trazer diretamente a caixinha até si; c) retirá-la da gaveta, seja corretamente pelo lado sem parede, seja fazendo-a saltar por cima de uma das paredes e depois, sem mudar de lugar, empurrá-la com o bastão para a abertura da parede esquerda do engradado. Nesta última operação, que corresponde à solução ideal, é notável que a caixinha não segue geralmente a trajetória mais curta, que a faria atravessar um espaço vazio entre a gaveta e a abertura, mas é levada contra uma das paredes do engradado, para prosseguir em seguida ao longo desta parede. Temos aqui exatamente a mesma incapacidade que Van Woerkom constatou no afásico: a incapacidade de utilizar um espaço sem conteúdo concreto ou sem limites perceptíveis.

Numa outra prova, a gaiola onde está o objeto a agarrar tem duas faces contínuas, em ângulo reto, e duas faces feitas de barras. Ela é retangular. O objeto está fixado a uma corda que tem uma das extremidades retida por um pino no interior da gaiola. A outra extremidade passa através das barras. Se a corda segue o lado mais longo do retângulo, o objeto fica fora de alcance; se, pelo contrário, segue o lado mais curto, a criança pode agarrá-lo com a mão através das barras. É preciso, portanto, trazer a corda da primeira posição para a segunda. Também ocorrem condutas diferentes, das quais umas, puramente aberrantes, são simples diversões acidentais ou procedimentos habituais mas totalmente ineficazes, e outras mostram, como em casos anteriores, uma capacidade ainda insuficiente de imaginar translados no espaço e suas consequências. As crianças menores, constatando as oscilações do objeto quando puxam o barbante, deixam-se cativar por este efeito e se limitam a mantê-lo; ou então levantam o objeto do solo erguendo o braço para o topo da gaiola. Outras vezes tentam agarrá-lo diretamente, procurando introduzir o braço entre a parede contínua e a última barra. Diversas crianças olham debaixo da mesa, como no jogo de esconde-esconde, parecendo assimilar a solução procurada a um objeto que se subtrai à vista. As que têm a ideia de mudar para outros intervalos a extremidade solta do barbante fazem-no muitas vezes a esmo; algumas até seguem a direção que aumenta a distância do objeto em vez de diminuí-la. Se o barbante é deslocado sem elas saberem, elas não percebem. Aquelas, enfim, que compreendem em que sentido a manobra deve ser feita passam em geral o barbante de barra em barra; algumas até, tendo saltado algumas barras por inadvertência, retrocedem. Mesmo descoberto, o procedimento não se funde ainda com o espaço a percorrer. O caminho segue passo a passo a parede, em vez de ser imaginado como a trajetória livre que une a posição atual do objeto à posição desejável. A solução da prova quase nunca é encontrada antes dos 5 anos de idade. É notável que, segundo Guillaume e Meyerson, ela seja encontrada quase imediatamente pelo macaco. A causa disso seria o conhecimento que ele tem de sua gaiola.

É indubitável que, do macaco à criança, as condições da experiência devem mudar consideravelmente. O material de hábitos e aptidões sensitivo-motoras do macaco e da criança, sua respectiva agilidade, as relações que esta acarreta para suas previsões imediatas de ação são diferentes demais para não fazer com que uma situação objetivamente semelhante seja, na prática, diferente para cada um deles. Mas a distinção essencial entre o macaco e a criança é, de início, que o espaço do macaco nada mais é do que o espaço de seus gestos e de seus alvos. O espaço da criança não é ainda o meio neutro e abstrato onde as mudanças de posição entre objetos podem ser livremente imaginadas, mas já está misturado aos próprios objetos, como uma de suas qualidades unida às outras. Só mais tarde é que não pode haver representação do objeto, mesmo essencialmente concreta, sem esta unidade do conceito que transcende, de alguma forma, as propriedades diversas do objeto. Mas, inicialmente limitado a cada ato ou a cada objeto no instante em que são realizados ou imaginados, o conceito parece congelá-los, longe de introduzi-los em séries onde o jogo das comparações, dos graus e das nuanças lhes permitiria entrar em relações capazes de ultrapassar indefinidamente as relações atuais da experiência sensório-motora. Ainda incapaz de conferir-lhes esta mobilidade ideal, o conceito está, por outro lado, em conflito com a mobilidade dos atos cuja renovação o mundo exterior não cessa de solicitar. Daí o frequente desconforto da criança diante de situações que encontram facilmente sua solução nas intuições sensitivo-motoras do chimpanzé. Esta oposição mostra muito bem que a origem dos conceitos não pode ser procurada nos esquemas relativos às reações imediatas que as circunstâncias provocam em todo ser vivo segundo seu nível de organização. Os conceitos não são simples decalque intelectual destes esquemas[12]. Pertencem a um outro sistema, cuja evolução está ligada à existência das sociedade humanas.

---

12. Cf. cap. precedente.

3

Mitos e razão

É ainda uma contraposição que domina o estudo comparado da inteligência pela qual se enriquece a ação imediata diante de situações concretas e da inteligência que se exprime, se fixa e se transmite sob forma de pensamento. Com toda a sedução de seu notável talento, Charles Blondel, num artigo póstumo[13], deu-lhe sua forma mais radical. Dois sistemas opostos estão em luta, ou pelo menos estiveram até tempos recentes na história da humanidade: o sistema da ação experimental, do qual nascem as técnicas, o conhecimento de seus princípios, a ciência e a razão; e o sistema dos ritos, dos mitos, das crenças e das lendas tradicionais que dão ao homem uma imagem irracional de suas origens e do mundo. O primeiro teve que, pouco a pouco, conquistar terreno sobre o segundo, e o fez retroceder na medida em que a consciência do homem se identificava mais com uma concepção física do universo. Desenvolveu-se como um todo homogêneo e

---

13. BLONDEL, Ch. Intelligence et techniques. *Journal de Psych.*, jul.-dez./1938.

fechado, às custas das ilusões que o homem perseguia por meio das cerimônias, narrativas, instituições, representações religiosas e sociais. Da inteligência prática à inteligência científica a passagem seria direta. A ordem das coisas impor-se-ia à mente do homem como que pela ação progressiva de um decalque sobre a placa sensível do organismo psicomotor. Haveria uma experiência em si; suas leis seriam as de todo pensamento normal. Assim, enfrentar-se-iam dois princípios, entre os quais não haveria outras relações senão de exclusão recíproca.

Este maniqueísmo da razão e dos mitos tem sua fonte direta nos estudos de Lévy-Bruhl sobre a mentalidade primitiva, que Ch. Blondel muitas vezes citou e comentou. O princípio diretor a que Lévy-Bruhl sempre recorreu foi o de impedir *a priori* toda tentativa de interpretar, com a ajuda de nossas próprias ideias, as ideias que outras civilizações puderam produzir. Longe de insinuar nelas nossas maneiras de pensar, é preciso primeiro considerá-las exteriores e estranhas, se não quisermos correr o risco de alterar seu significado. Só nos devem servir para compreendê-las, se isso for possível, as circunstâncias objetivas que a elas se ligam. O essencial é recolhê-las tal como nos são atestadas por seu próprio aparato de manifestações e de consequências. Ir além daquilo que este aparato permite afirmar sobre elas é cair na ilusão das explicações antropomórficas.

A este princípio de método ligou-se o postulado de um contraste radical entre nossas maneiras de pensar e as que, para maior comodidade da expressão, Lévi-

-Bruhl chamou de *primitivas*, embora as instituições correspondentes tivessem um nível de organização e de complexidade que supõe uma evolução social, intelectual e moral já bem longa. Ao nosso mundo intelectual, que está fundado sobre a análise do real com a ajuda de conceitos claramente definidos, ele contrapôs um mundo onde tudo quanto existe está sujeito a mitos como sendo as forças que o explicam e o fazem existir. Ao cuidado que nossa mente tem de concatenar uma conclusão a premissas que a contêm exatamente, Lévy-Bruhl contrapõe a mentalidade *pré-lógica*, que se contenta com relações entre termos que não têm entre si medida comum e cujo agrupamento permanece irredutível aos quadros mais comuns, os mais indispensáveis, ao que parece, onde as coisas possam ser distribuídas. Ao evento, cuja causa é atribuída às ligações entre circunstâncias que a experiência mostra dotadas de eficácia e de necessidade, ele contrapõe a crença em ações mágicas ou místicas, cujos efeitos poderiam ser suscitados de maneira mais ou menos arbitrária por meio de encantamentos e de simulacros. Para explicar este desacordo entre dois modos de pensamento que pertencem a duas etapas distintas da civilização humana, Lévy-Bruhl acabou por contrapor às categorias intelectuais, que estariam fundamentalmente de acordo com a natureza das coisas e o curso dos acontecimentos, uma categoria afetiva, da qual surgiriam a crença e o apelo às forças sobrenaturais que, aos olhos do primitivo, parecem penetrar, modificar e dirigir continuamente as ações nas quais estão em jogo sua sorte e sua vida.

No plano individual, Piaget[14] adota uma concepção bastante análoga, ao contrapor também ele radicalmente o raciocínio da criança ao do adulto. Também aqui temos um contraste entre um pensamento que mistura continuamente ao real o desejo; às ligações lógicas, necessárias ou experimentais o acidente vivido, o incidente fortuito; à ordem objetiva as disposições íntimas, o sentimento, os hábitos e o devir individuais. É isto que Piaget quer explicar pelo termo *egocentrismo*, embora o eu da criança esteja mais no estado de nebulosa do que de núcleo e seja esparso e difuso em suas impressões, alienado nos outros e nas situações pelas quais ele passa sucessivamente, longe de saber apropriar-se delas, ligá-las a si como o mutável e o diverso ao mesmo e ao permanente. Um período de participação indivisa com a totalidade de suas experiências precede o período em que a criança se tornará capaz de afirmar sua pessoa diante daquilo que não é ela – as coisas e as pessoas – e, por conseguinte, de fazer disso um centro para suas pretensões em relação às realidades circundantes.

No entanto, é do egocentrismo que se choca com os pontos de vista opostos ou divergentes dos outros, e obrigado a levá-los em consideração, que Piaget quer deduzir a evolução do pensamento infantil para o estágio adulto. Este progresso estaria ligado a um progresso de sociabilidade. No dia em que a existência das pessoas próximas se lhe tornasse sensível a criança aprenderia a sair de seu isolamento psíquico para ima-

---

14. PIAGET, J. *La représentation du monde chez l'enfant*. Paris: Alcan 1926.

ginar relações de reciprocidade e deduzir, da reciprocidade entre as pessoas, a noção de relações neutras e objetivas entre as coisas. Mas, sem dúvida, é preciso inverter a ordem dos fatores. A criança começa por uma estreita sociabilidade com seu ambiente humano, já que ela começa por estar em estreita dependência dele. Não podendo subsistir senão por meio desse ambiente, não podendo satisfazer nenhuma necessidade e nenhum apetite a não ser por intermédio e por intercessão desse ambiente, é para ele que se devem voltar e por ele que se devem pautar todas as suas aptidões intuitivas. A criança está impregnada pelo ambiente a cada novo despertar de sua consciência. O que lhe é necessário não é um avanço, mas um recuo de sociabilidade. Ela deve poder retomar o domínio de si em face dos outros. Esta delimitação, longe de comandar a evolução intelectual, não pode ser senão efeito dela. Para dissociar, nas provas pelas quais passa o sujeito, aquilo que é seu e aquilo que depende das influências exteriores, é necessário um poder de diferenciação, de crítica e de análise que não é afetivo mas intelectual. A cada idade a sociabilidade toma a forma que o nível de organização mental lhe torna possível ou lhe impõe; não cabe à sociabilidade regular as relações que a inteligência discerne entre as coisas.

Se, para o indivíduo, o amadurecimento do aparelho psíquico é a condição da mudança que o faz passar da inteligência infantil à inteligência de adulto, como poderá, na história das civilizações, resolver-se a suposta contradição entre a inteligência prática e os sistemas ideológicos que as primeiras sociedades humanas apresentam? Tanto para Ch. Blondel quanto para Lévy-Bruhl a ação sobre as coisas seria uma fonte de experiências donde surgiria, através de progressos sucessivos, todo o edifício do conhecimento racional e da ciência. No lado oposto, os mitos, as práticas místicas e mágicas corresponderiam à imagem que a sociedade se faz de si mesma, de suas origens, de sua organização, de seu destino. Segundo Piaget, é a socialização intelectual da criança que tornaria objetivo seu pensamento; segundo Lévy-Bruhl e Blondel, pelo contrário, é a influência das representações coletivas ou sociais que dividiria o pensamento do primitivo em pré-lógico e experimental. Sobre a redução de um ao outro Lévy-Bruhl não se explicou. Não era esse, com efeito, seu propósito. Ele queria sobretudo apresentar como inconciliáveis dois tipos de pensamento, um dos quais ele considerava estritamente racional e o outro essencialmente místico. Ele os considerava de maneira estática e não se preocupou com as etapas intermediárias que poderiam mostrar quais elementos são suscetíveis de se transformar e sua maneira de se transformar.

O problema é muito mais árduo com Ch. Blondel, já que ele, ao contrário, dedicou-se a distinguir entre aquilo que é a origem do conhecimento objetivo e aquilo que lhe é contrário. Sem dúvida, ele sentiu muito bem a fisgada de uma contradição. Não havia escrito ele, a respeito da razão, que ela é o dom esplêndido que o homem recebeu da sociedade? Mas nem por isso ele deixa de contrapor a ideologia especificamente social das civilizações mais primitivas que é possível conhecer ao desenvolvimento dos conhecimentos experimentais e científicos, que tendem para a razão como para seu limite. Para resolver uma contradição é mais conveniente considerar, como aqui, seus termos como irredutíveis do que assimilá-los entre si ou omitir um dos dois, como vimos acima.

***

As condições necessárias ao desenvolvimento do pensamento resultam justamente de uma comparação entre a inteligência da criança e a do primitivo. Não que as causas de insuficiência sejam as mesmas, mas porque elas são inversas. As semelhanças muitas vezes ressaltadas entre as representações que a criança e o primitivo têm das coisas são, com efeito, um paradoxo. Cada época tem seu quinhão de conhecimentos, que são os únicos a poder assegurar a harmonia entre o indivíduo e as realidades tanto sociais quanto físicas de seu tempo. A criança não pode ser considerada sem relação com o meio onde acontece seu crescimento e que a envolve desde seu nascimento. O universo ao qual ela deve adaptar-se, sobre o qual ela modela sua atividade e suas impressões, não é uma espécie de universo em si, invariável e eterno; é o conjunto dos objetos próprios da época: seu berço, sua mamadeira, suas fraldas, o fogo, a luz artificial; mais tarde, os móveis cujas estruturas ela manipula, os instrumentos que lhe fornecem seus hábitos ou lhe ensinam a moldar as coisas; as instituições onde se insere sua existência; e também as técnicas da linguagem, da explicação, da compreensão que regulam seus pensamentos, impondo-lhes, através de quadros conceituais ou lógicos, a decupagem das forças, dos objetos que povoam o mundo posto hoje à sua disposição por milênios de civilização, de elaboração material e mental.

Se a atividade da criança é assim comandada em seus motivos e em seus meios pelo seu meio social atual, como poderia ela ser, ao mesmo tempo, uma espécie de primitivo? E, por outro lado, se os sistemas de crença observados no primitivo são o resultado de elaborações já bastante avançadas, e relacionados com sistemas de vida e de sociedade dos quais sua representação da natureza seria a projeção, como poderiam eles se encontrar numa criança, cujo ambiente ignora tudo a respeito de seus ritos e de seus simulacros? Seria necessário escolher uma das três hipóteses seguintes.

Uma hipótese é que as etapas que o pensamento atravessou desde o primitivo até nós são uma história que está inscrita na substância da espécie, de tal modo que cada indivíduo deva repeti-la por sua própria conta, embora com uma velocidade acelerada. É a conhecida tese da conformidade entre a ontogênese e a filogênese, com o agravante de que ela já não se aplicaria mais apenas à morfologia do organismo, mas também a sistemas ideológicos, de que ela suporia a hereditariedade das características adquiridas e, entre estas características, daquelas que parecem menos ligadas às estruturas anatômicas. Isto seria identificar a função com um objeto ou um conteúdo particulares; admitir, por exemplo, que a herança da palavra não se limita à aptidão de aprender uma língua, seja ela qual for, mas procede de todas as línguas que foram faladas pelos ancestrais. Os fatos são claramente contrários a esta suposição. Apesar disso, alguns autores, como Freud, creem na revivescência, em cada indivíduo, de impressões vindas dos estágios há muito tempo ultrapassados pela civilização e mesmo dos que precederam a civilização. Outros, como Jung, identificam com aquilo que ele chama de *paleopsique* um inconsciente que corresponderia às crenças e às tendências mais antigas da humanidade. Temos aqui uma concepção cujo substrato biológico é difícil de imaginar.

Poderíamos então supor que é o próprio sistema de nossas ideias, cujos estágios estariam unidos por uma solidariedade tal que nenhum deles se tornaria possível, a não ser após aquele do qual ele procederia segundo uma filiação necessária. A lógica desta evolução prevaleceria sobre a ação do meio onde a criança está imersa. Seu crescimento intelectual contraporia por muito tempo ao material verbal, técnico e ideológico de seu ambiente maneiras de pensar profundamente estranhas. Haveria assim discordância entre as etapas sucessivas de sua evolução e os únicos instrumentos de atividade mental que ela tem à sua disposição. Nada parece justificar esta hipótese. Pelo contrário, muitos exemplos mostram que a influência do meio pode ser bastante imediata para, de uma geração para a outra ou num indivíduo transplantado ainda jovem, substituir repentinamente um sistema de ideias arcaicas por um outro, cujo lugar na evolução das civilizações é muito mais tardio.

Resta ver, portanto, nas analogias entre maneiras de pensar da criança e do primitivo, simples coincidências, e não um verdadeiro paralelismo. As causas destas coincidências, aliás, são tanto mais interessantes de analisar. De modo geral, poderíamos dizer que as manifestações do pensamento supõem um material apropriado de expressões verbais, de representações intelectuais, de raciocínios. Se o material de que nossa época dispõe deve ter-se elaborado, como mostra a história humana, ao longo de muitos milênios, a situação do primitivo e a da criança podem em certos momentos coincidir no seguinte: ao primitivo faltavam os instrumentos usados pelo pensamento moderno, enquanto a criança ainda não sabe utilizá-los, por falta de aprendizado, mas sobretudo de amadurecimento.

Na criança os centros nervosos da vida intelectual, ou seja, as regiões e os sistemas do córtex cerebral de evolução mais recente e que são os últimos a mielinizar-se, isto é, a poder funcionar, deixam por longo tempo uma espécie de autonomia às atividades sensório-motoras e afetivas, que deverão cair sob seu controle. Também no primitivo, a preponderância pode pertencer à vida afetiva e à atividade sensório-motora, porque o controle intelectual não dispõe dos sistemas ideológicos e dos instrumentos de pensamento abstrato que a civilização de hoje oferece a cada um. Aliás, é todo o regime de vida do primitivo que as mantém no primeiro plano. Com efeito, como sua linguagem lhe forneceria significados e meios de evocação em relação com a causalidade impessoal, se ele não dispõe ainda de técnicas tão desprovidas de intervenção subjetiva como pode sê-lo a utilização hoje comum da eletricidade?

A semelhança de certas reações intelectuais na criança e no primitivo, ambos privados dos meios necessários, um por incapacidade provisória de empregá-los, o outro porque esses meios ainda estavam ausentes do ambiente onde sua mente se formou, tem a ver também com dificuldades às quais levam necessariamente o exercício do pensamento. Estas têm, com efeito, alguma coisa de essencial. Resultam de uma antinomia entre as condições da representação mental e o intercâmbio vital de ações e de reações, através do qual se traduz imediatamente, na experiência prática de cada um, a existência simultânea de si mesmo e do ambiente. As dificuldades com que a criança esbarra são as que o pensamento humano encontrou em seus inícios. É possível constatar sua gravidade até na história da filosofia, que pertence no entanto a um período muito recente da espécie, quando a mente humana já possui meios técnicos e intelectuais muito desenvolvidos: escrita, marcos de referência que possibilitam a discussão abstrata, capacidade de analisar as operações do pensamento, as relações do pensamento com as coisas.

***

No entanto, por mais impressionantes que sejam muitas vezes as coincidências entre o pensamento do primitivo e o da criança, elas não impedem diferenças profundas, sobre as quais é bom insistir, pois até hoje a comparação foi mais assimiladora do que diferenciadora. A criança começa por ser, ao mesmo tempo, muito menos evoluída e muito mais próxima de nós do que o primitivo. Mais próxima, porque entre ela e as pessoas de seu meio social não existem senão traços-de-união. Ela se adapta ao adulto em consequência da necessidade que dele tem. Ela adota as maneiras do adulto por uma espécie de intercâmbio constante no qual ela começa por ser simultaneamente, e depois sucessivamente, polo receptivo e polo ativo. Mesmos simulacros expressivos, mesma linguagem, mesmos gestos a propósito de um mesmo objeto, com a única diferença das insuficiências provisórias que no início constituem um empecilho à sua atividade. A realidade que molda a criança é a mesma que moldou o adulto de hoje após o de ontem. Assim, acontece incessantemente a convergência de um para o outro. Porventura causa surpresa que o adulto tenha podido muitas vezes enganar-se e não tenha visto na criança senão um simples diminutivo dele mesmo?

Mas a criança é muito menos evoluída do que o primitivo, porque seus sistemas de pensamento são muito mais rudimentares e feitos de combinações cujas peças se ajustam mal. Ela mostra isso claramente bem se for levada, através de perguntas, a dar explicação das coisas, a justificar ou explicar as mudanças das coisas. Mas falta à criança, sobretudo, aquilo que alguns notam no primitivo como um sinal indelével de sua mentalidade mística e pré-lógica: o senso das forças invisíveis que misturariam o sobrenatural com a natureza, a capacidade de criar ficções que dariam ao mundo sensível uma réplica mítica e aos dados do real um envoltório de virtualidades diversas. A criança tem no máximo ilusões incertas ou pavores obscuros, mas cujo motivo, quando existe, tem sua origem sem dúvida em certos relatos do adulto.

O sonho, por exemplo, que para o primitivo é um meio privilegiado de acesso ao mundo invisível, conserva para a criança sua irrealidade. Ainda aos 6 anos e aos 6 anos e meio, algumas crianças, confrontadas com este assunto, parecem mal e mal saber do que se trata, não sem dúvida porque não sonhem, mas porque seus sonhos não abrem nenhuma perspectiva em sua vida mental. Uma criança de 6 anos e 6 meses responde: "O sonho é quando a gente ronca". Duas crianças de 6 anos, contando seu sonho, mostram indiscutivelmente que o sonho não as confunde.

Uma delas diz que ela sonha com lobos: "O que fazem os lobos? Você ou ouve ou os vê? – *Eu os vejo.* – São maiores do que você? – *Sim, senhor.* – Eles são maus? – *Sim.* – Você tem vontade de fugir? – *Sim.* – Onde estão os lobos? – *No mato.* – Quando você sonha, eles estão no seu quarto? – *Não, no mato.* – Mas quando você os vê de noite? – *No meu quarto.* – Então eles estão no seu quarto? – *Eu sonho, eles estão no mato.* – O que é um sonho? – *A gente sente medo* – Por que a gente sonha? – *Porque a gente sente medo.* – Quando você sonha existem lobos realmente? – *Não.* – Se não é verdade, como pode acontecer o sonho? – *Ele acontece em nossa cabeça.* – Mas, se é na sua cabeça, como você pode ver o lobo diante de você? ... – Você sonha com outra coisa, além dos lobos? – *Sim, com ratos.* – Onde estão os ratos? – *No porão.* – Mas, quando você sonha, você vê o porão?

– *Sim*. – Então onde você está? – *No meu quarto, na minha cama.* – E os ratos? – *No porão.* – Então eles estão no porão, e não no quarto? – *É um sonho, eu durmo.* – Sua irmãzinha que dorme com você, vê os seus sonhos? – *Não*. – Por quê? – *Ela dorme.* – Se ela não dormisse, ela veria? – *Sim.* – Onde? – *Na minha cabeça.* – Então, se ela estivesse acordada, ela veria na cabeça de você? – *Não*".

Nestas respostas aparece claramente certo embaraço. A criança se encontra às voltas com três tipos de lugares que ela não sabe como unificar: o ambiente dos animais que ela vê em sonho ou o lugar da cena, seu próprio lugar de sonhador ou o lugar pessoal e, por fim, o lugar do sonho enquanto sonho, ou seja, a cabeça da criança. Destes três espaços, aquele onde se move a imagem dos lobos é certamente considerado imaginário, embora as fórmulas da criança tenham, de início, um aspecto bastante realista. O espaço onde ela sabe que dorme, ou dormiu, é necessariamente objetivo, é de certa forma seu próprio espaço pessoal. O espaço que ela considera sede efetiva do sonho também o é obrigatoriamente e por definição, quer esta localização das imagens na cabeça corresponda a alguma impressão cenestésica, a uma espécie de intuição negativa, a um raciocínio ou a uma simples tradição. Em nenhum momento a criança parece cair na ilusão de que o sonho tenha podido transferi-la dos lugares onde ela adormeceu para os lugares onde ela poderia participar em pessoa e realmente da cena do sonho. A criança parece, portanto, mais próxima de seu contemporâneo, o adulto, do que do primitivo. Mas neste não se trata de ilusão, é crença. O primitivo não confunde o mundo das suas sensações e dos seus atos com o das presenças invisíveis, onde cabe ao sonho introduzi-lo. Ele concebe a coexistência destes dois mundos como acarretando determinadas relações, cuja chave ele procura. Se os sonhos são para ele mais que simples imagens, isto acontece à maneira de nossas representações científicas, que dão às coisas seu verdadeiro sentido e permitem prever ou modificar seus efeitos. A criança, pelo contrário, ainda não sabe muito bem como conciliá-los com os outros planos de sua experiência. Se ela reconhece a irrealidade do sonho, como aliás à sua maneira o primitivo, ela continua ainda embaraçada pela distinção entre a pura representação e o real.

Eis as respostas da outra criança, também ela de 6 anos de idade: "O que é um sonho? – *Quer dizer, a gente se deita e sonha, a gente fecha os olhos e sonha.* – Com que você sonhou? – *Sonhei com uma mulher que se jogava na água com seu bebê.* – Você conhece esta mulher? – *Não, porque é sonhando.* – Um sonho é verdadeiro? – *Ela não era verdadeira, mas eu a vi.* – Aquilo que a gente sonha não é verdadeiro? – *Não, porque depois eu não a vi mais.* – Onde está o sonho quando a gente sonha? – *É quando a gente fecha os olhos.* – Mas onde acontece isto? – *Quando a gente dorme.* – Mas onde acontece isto? – *Na minha cabeça.* – Você vê isso na sua cabeça? – *Eu sonho na minha cabeça.* – Quando você sonha na sua cabeça, você está dormindo ou não? – *Estou dormindo.* – Mas, se isto acontece na sua cabeça, como você pode ver as coisas? – *É dormindo.* – A gente pode ver aquilo que você sonha? –

Não... Sonhei com um senhor que se dava um tiro de revólver na barriga. – Você conhecia esse senhor? – *Não.* – Nunca é possível sonhar com pessoas verdadeiras? – *Não.* – Você poderia sonhar com sua mãe? – *Não.* – Por quê? – *Porque eu não sonho.* – Sim, mas poderia acontecer de você sonhar com ela? – *Não, isto não pode acontecer, porque não sonho com ela.* – Mas por quê? – *Porque eu sonho com outras pessoas e não com ela.* – As pessoas com quem você sonha são verdadeiras? – *Sim, às vezes sonho com pessoas de minha terra (Montargis).* – Mas por que não com pessoas de Boulogne? (residência da criança). – *Eu não sonho com elas.* – Mas as outras? – *Eu sonho com as de Montargis muitas vezes.* – E você sonha com sua professora? – *Não, nunca.* – E as pessoas de Montargis? – *Eu sonho com as pessoas com as quais eu morava. É um homem que se chama L.* – Quando você sonha com L., onde ele está? – *Na fábrica.* – No momento em que você sonha? – *Ele me joga na água.* – Você acorda quando ele joga você na água? – *Não.* – Mas você o vê? – *Não, eu não o vejo, eu sonho com ele".*

Aqui a oposição entre a realidade e o sonho é afirmada da forma mais nítida. Dois momentos, dois atos distintos: ver e fechar os olhos, estar no real e sonhar. Este contraste, apoiado no vocabulário do adulto, serve até como meio para esquivar a dificuldade de ajustar as relações entre lugares ou imagens, criada pela necessidade de encaixar as cenas às quais o sonho mistura o sonhador em sua verdadeira situação de pessoa que dorme. Mas a feição realista dada a este desdobramento mostra até que ponto sonho e realidade, representação e fato estão ainda pouco dissociados e projetados sobre um só e o mesmo plano. Com efeito, por uma espécie de ilusão negativa, tudo quanto é imagem de sonho parece de início incapaz de ter sua réplica na realidade. Em seguida, atenuando-se esta exclusão, apenas os personagens de lembrança, as ausentes, aqueles de outros lugares e de outrora é que são considerados capazes de ser personagens de sonho. O que pertence à vida presente não pode ser matéria de sonho. Ao mesmo tempo, a criança mostra-se incapaz de discernir o possível daquilo que é: "*Isso não pode acontecer, porque não sonho com ela*". Fora da experiência atual, não existe senão irrealidade; a imagem, a representação são um degrau para o irreal.

Com o primitivo as relações são exatamente inversas. São os mesmos seres que se movem no mundo das coisas e no mundo do sonho. Eles têm uma existência sensível e uma existência imaginária. A existência sensível está submetida a influências que a ultrapassam e a existência imaginária é que é lugar ou fonte de eficiência. Esta é a mais real das duas, porque domina a outra como a causa domina o efeito. Para o adulto de hoje o sonho não é mais do que ficção, mas da imagem imaginária separou-se a imagem racional e científica das coisas. A distinção está ainda tão longe de ser feita na criança ao ponto de esta reduzir a fórmula do eventual à do simples fato. Os dois planos da realidade vivida e da realidade imaginada, prelúdio da realidade racional, estão ainda indistintos.

***

No primitivo, a tentativa de explicar o visível pelo invisível não é uma espécie de aberração que o desviaria do real e que, ao contrário de nosso esforço orientado para o conhecimento científico, o levaria a preferir o sobrenatural à natureza. É a condição indispensável de todo esforço intelectual, se sua meta é ultrapassar os dados da experiência simplesmente vivida e, por trás dos efeitos aos quais nossa atividade própria nos mistura, descobrir as causas das quais eles resultam e das quais poderão ser deduzidos procedimentos para agir sobre eles de outra forma que não seja reagindo a eles imediatamente através dos meios sensório-motores apenas.

Aquilo que propus chamar de "categoria do oculto", algum tempo antes de Lévy-Bruhl propor sua "categoria afetiva do sobrenatural", traduz essencialmente o esforço da mente para passar dos dados brutos, efêmeros, jamais completamente parecidos nem comparáveis entre si, confusos e subjetivos da experiência imediata, para o plano da causalidade reflexa. Esta superação está já bastante adiantada nas crenças e nos ritos dos assim chamados primitivos, por mais contrários que nós poderíamos considerá-los à estrutura verdadeira das coisas e aos procedimentos que eles próprios usam em suas relações físicas com o mundo físico. Então seus gestos e seus instrumentos estão em relação com as leis da mecânica, com aquilo que suas percepções podem dar-lhes a conhecer sobre as propriedades ligadas às coisas e sobre o curso habitualmente observável nos acontecimentos. Mas eles utilizam um outro tipo de instrumento quando procuram agir sobre as coisas por meio da representação. Aliás, muitas vezes as duas funções se entremisturam; daí os instrumentos compósitos, meio rituais e meio práticos, nos quais o símbolo se incrusta na forma exigida pelo uso.

Entre o afetivo e o oculto não existe identidade. A afetividade não pode de forma alguma ser equiparada a uma ordem intelectual. Ela se contraporia antes à atividade classificadora e discriminativa da inteligência. Evidentemente, ela nunca está totalmente ausente da atividade intelectual, mas é mais ou menos reduzida pelas relações objetivas que o conhecimento tende a introduzir entre as coisas. Se ela deixa de ser simples estimulante ou adivinhação intuitiva para passar ao primeiro plano, não deixa de obscurecer o trabalho intelectual e substitui a ordem do conhecimento por uma ordem diferente.

Por outro lado, uma "categoria do sobrenatural" está em oposição àquilo que o próprio Lévy-Bruhl diz acerca do primitivo, já que este autor nunca se cansa de insistir sobre a confusão que reina no pensamento do primitivo entre o natural e o sobrenatural, ou seja, entre os testemunhos da experiência sensório-motora e as potências, para nós irreais, com as quais ele povoa o universo. Estes dois tipos de existência seriam legítimos e naturais, tanto um quanto o outro. Mas o segundo tem um coeficiente de eficiência e de realidade muito mais elevado a ponto de não poder pertencer àquilo que é simples impressão ou simples manuseio das coisas. A diferença entre os dois tipos de existência é a diferença que existe entre efeitos pertencentes ao mundo dos sentidos e potências que ali se manifestam por meio de efeitos, mas subtraídas elas próprias à apercepção sensorial. Limite evidentemente móvel, já que os efeitos podem acabar traduzindo integralmente a potência de que são o resultado. Mas trata-se de uma distinção inicial que é indispensável ao exercício do pensamento.

Para contrapor ao pensamento experimental de hoje a sobreposição que o primitivo faz do invisível ao visível, Lévy-Bruhl cita Mme. Parker: "Como estes negros tornavam interessantes meus passeios com eles na selva! Cada pico, cada planície, cada curva do terreno tinha seu nome e, em geral, sua lenda". Ao que eu objetava[15]: "Diante destes mesmos aspectos do solo, um geólogo pode experimentar o mesmo gênero de admiração, contando de quais revoluções terrestres eles são testemunhas. Entre o mundo mítico e o mundo da ciência existe semelhança de função. Eles são, tanto um como o outro, o mundo das causas, subjacente, ou melhor, misturado ao mundo dos efeitos sensíveis".

Dizia ainda Lévy-Bruhl[16]: "Entre os australianos, e até mesmo em muitas sociedades de civilização relativamente 'avançadas', os mitos e a maioria das lendas e contos, como vimos, são considerados histórias verdadeiras. [...] À nossa mente, pelo contrário, esta fluidez aparece como incompatível com as condições, tanto lógicas como físicas, do real. Todos nós, tanto ignorantes como pessoas cultas, imaginamo-nos viven-

---

15. Le réel et le mental. *Journal de Psychologie*, mai.-jun./1935, p. 467.
16. Ibid., p. 479.

do numa natureza intelectual, cujo vigamento é feito de leis necessárias e de formas fixas, correspondendo a conceitos. Ninguém pode, portanto, acreditar nestes contos, a não ser as crianças pequenas. [...] Nos contos de fadas [...] um gato, que é também homem, torna-se um nobre sem deixar de ser gato. Em menos tempo do que é necessário para escrevê-lo, uma abóbora se transforma numa carruagem, num rato enorme, num cocheiro. Estamos aqui num mundo tão fluido como o dos mitos da Austrália e da Nova Guiné, e não menos incompatível com as leis da natureza e as exigências de nosso pensamento".

Eu respondia: "A iniciação da criança nas leis da natureza e nas imagens que nosso pensamento chega a apresentar dessa natureza, nos resultados que o pensamento consegue dela extrair, coloca a criança em presença de um maravilhoso tão surpreendente e até muito mais inconcebível para ela. Para dar-se conta disto, basta procurar representar para a criança, diante daquilo que seus olhos veem, o que é o sol, em quais espaços ele se desloca, quais realidades cintilam no céu estrelado; perguntar-lhe como – com o tempo, evidentemente – o carvalho pôde sair da bolota; mostrar-lhe, por trás da luz que ela acende girando o botão ou por trás do trem que a transporta, a queda d'água que 'a fada eletricidade' tocou com sua varinha. Também aqui a transformação da queda d'água em eletricidade, a da eletricidade em luz ou força motora são quase instantâneas, e, através de suas transformações, a eletricidade não deixa de ser eletricidade. Existe 'fluidez' maior nos mitos do primitivo ou nos contos infantis do que nas metamorfoses da natureza ou nas transformações devidas à habilidade do homem?"

Esta comparação não tende evidentemente a negar as imensas diferenças que o progresso das civilizações e do conhecimento intercalou entre o maravilhoso dos mitos e o maravilhoso das ciências. Trata-se apenas de mostrar que o absurdo, o incoerente não estão no dessemelhante e no mutável. Para medir a que distância dos dois a criança se encontra, basta mostrar a pobreza de suas ficções e sobretudo sua incapacidade de extrair uma explicação qualquer dos seres míticos que a tradição lhe fornece.

Dificilmente a criança se torna capaz de criar personagens de fantasia antes dos 7 ou 8 anos. É também duvidoso que ela saiba fazê-lo sozinha. Muitas vezes é em colaboração que se urde uma lenda infantil ou toma forma um ser fantástico, quando a circunstância ou o detalhe dados por um dos jovens interlocutores suscita de outro alguma circunstância ou algum detalhe complementares. Anatole France havia conservado a lembrança de um personagem feio e grotesco que ele, junto com a irmã, criaram na imaginação, como um hóspede de seu jardim; anos mais tarde, um dos dois começou de repente a evocar o nome desse personagem para a maior alegria do parceiro e espanto dos pais. Às vezes é a criança mais velha que desempenha o papel de contador, imitando o que o adulto faz em relação a ela, e que procura repetir a performance dele, limitando-se a colaboração das crianças mais jovens muitas vezes a uma cara de espanto, a fazer perguntas ou mesmo a mostrar sua incompreensão. Estas histórias permanecem à margem da realidade. Não servem de explicação. É um mundo onde a criança se refugia longe das curiosidades ou das zombarias do adulto. É um jogo.

Mas acontece que, pega de surpresa por uma pergunta, também a criança invoca potências supremas – Deus, o menino Jesus – que o ensino dos adultos lhe forneceu. Mas a combinação destes com o resto de suas respostas é das mais desajeitadas. Se ela os invoca, é geralmente por uma simples incapacidade de encontrar uma causa mais pertinente, é uma derrota. O mais das vezes, aliás, é para explicar o que se passa no céu dos fenômenos atmosféricos ou no céu dos astros. É preciso realmente supor agentes lá em cima, onde não existem homens. Deus faz cair a chuva, acende o sol ou a lua, quebra o sol em pedaços para com eles fazer estrelas. Mas se a criança precisa de água, ela deve tirá-la do Rio Sena com a ajuda de uma corda. O Menino Jesus ocasiona a menção do Papai Noel, sem dúvida por intermédio dos brinquedos que se espera que ambos distribuam. Como conciliar depois suas relações e seu papel no céu? Então, o Papai Noel leva o Menino Jesus para a escola. Mas a escola implica muitas crianças. Contrariamente às suas primeiras afirmações, a criança admite que existem muitos meninos Jesus. Depois de responder que viu Jesus no presépio, a criança deve, em seguida, fornecer-lhe asas para voar até o céu, o que no entanto é contrário à imagem que seu testemunho permitia. A fabulação é a consequência espontânea de uma explicação sem consistência e fortuita. Ela é, aliás, muito pouco estruturada. Vê-se o mesmo personagem ora multiplicar-se em vários, ora identificar-se com sua imagem e ser imaginado no céu e na terra apenas sucessivamente. Para explicar essa passagem, sua figura tradicional é modificada.

Há uma grande diferença entre este realismo elementar, cujo plano de existência é único, e as frequentes ubiquidades do mesmo ser nas crenças do primitivo. Estas ubiquidades têm sido consideradas um escândalo da razão. Com efeito, denotam ainda a indiferenciação entre lugares reais e lugares fictícios, ou antes a persistente aderência do realismo local àquilo que já não é mais realidade puramente corporal. Mas já indicam a alforria da representação em face da realidade. O lobisomem, que anda longe do dorminhoco ao qual está unido existencialmente, é como que a emanação de suas eficiências e de suas potencialidades perversas. Sem dúvida ele tem ainda algo de carnal, pois nestes vestígios, ainda recentes, da "mentalidade primitiva", o visível e o invisível, o efeito e a eficácia, a natureza naturada e a natureza naturante ainda não podem ser imaginados senão sob as mesmas aparências. O invisível está sempre nas margens do visível; deixa de ser invisível em certos casos, ou para certos privilegiados, ou nos sonhos. É, portanto, uma sublimação ainda bem concreta das realidades que nele sofrem suas transformações. Mas, para além de suas aparências atuais, ele já é o lugar de suas mudanças.

Quanto à criança, esta ainda sabe apenas justapor uns aos outros os objetos de sua experiência direta. Ela explica o movimento do mar pelos rochedos ou os do Rio Sena pelos degraus da escadaria que desce até ele.

Da mesma forma, ela atribui aos barcos a corrente que move o rio ou as ondas que agitam o mar. Ela tem, sem dúvida, a experiência das pulsões que ocorrem de um objeto a outro, mas é a tal ponto incapaz de ultrapassar o aspecto puramente sensível dessas pulsões que ela não sabe reconhecer em que sentido elas acontecem. Muitas vezes ela até inverte alternadamente os papéis ativo e passivo de um termo ao outro. É ainda incapaz de projetar num campo de forças e de efeitos virtuais a representação sistemática dos corpos e dos movimentos.

*　*　*

A diferença intelectual entre a era do totem e a era da ciência é menos de nível do que de material e de técnica ideológicos. As potências invisíveis do primitivo não têm evidentemente nenhuma semelhança com as forças medidas pelo físico, mas desempenham à sua maneira o mesmo papel. Elas são distintas do real, mas estão a ele misturadas, o pressionam, o invadem, fazem parte dele. Elas são o duplo do indivíduo ou de seu clã e são projetadas em algum lugar, no passado como ancestrais, em certos lugares reais ou míticos como sobrevivência dos mortos, mas permanecem ligadas ao presente como espelho ou antes como princípio daquilo que agora está vivo. É uma existência oculta donde procede a existência visível, é o suporte permanente daquilo que está sujeito às mudanças e aos acidentes da vida. É o mundo intangível das causas.

São, sem dúvida, seres que parecem ter ocupado um lugar na cronologia, mas ao mesmo tempo se perpetuam como uma fonte permanente de ações e de resultados. Os tempos longínquos em que eles existiram são até considerados muitas vezes tempos que eram antes do tempo, ou seja, como o intemporal ou o eterno. E parece que esta existência eterna é uma concepção que precedeu a necessidade de atribuir ao mundo mítico um lugar na sequência dos tempos. Quando o tempo se tornou uma ordem de sucessão sistemática, é que se impôs esta necessidade. Primitivamente o tempo se confundia com o sentimento da existência subjetiva e com o retorno de algumas solenidades tradicionais, que eram precisamente uma evocação dos seres míticos dos quais dependia o clã, uma invocação aos que eram a substância, a razão, a eficiência do clã, sob forma de imagem.

Situado a princípio fora do tempo, o totem acabou por tomar lugar no tempo junto dos ancestrais, quando as sucessivas gerações, tornadas capazes de ser contadas, precisaram conceber-se como a posteridade de seres distintos, aos quais cabia, na duração enfim distribuída em eras, a primeira destas eras. De sua imanência inicial o duplo emigrou, portanto, para uma existência mais bem individualizada, que foi necessário fazer recuar até a época das origens, também esta imaginada como distinta. O momento em que foi necessário imaginar uma filiação histórica já introduzia talvez uma fissura no mito. Esta filiação era pelo menos o veículo do ser cujo fundamento devia ser procurado sempre fora daquilo que é simplesmente experimentado ou efetuado conforme a ocasião ou as necessidades.

As cerimônias dos primitivos tendem a ressuscitar a presença, a provocar a assistência destas potências tutelares. São técnicas rituais, determinadas com todo rigor e que por sua sistematização dão uma espécie de coerência lógica à categoria do oculto. Para agir sobre o real, elas permaneciam voltadas mais para o social do que para o físico; mas serviam como primeiro elo entre os dois. Seu objetivo essencial era estabelecer relações entre os homens, assentá-las sobre o fundamento sólido dos clãs e das tribos, pondo assim os indivíduos e as coletividades em condições de coordenar suas atividades. Mas, ao mesmo tempo, estas técnicas rituais os inscreviam nos quadros do meio físico, atribuindo a cada elemento do corpo social um território e lugares consagrados. Realizava-se entre o social e o físico uma espécie de união substancial por meio das analogias e das lendas. As estruturas próprias do mundo humano e do mundo físico se lhes tornavam comuns. Fazendo a ponte entre a sociedade e a natureza, elas preludiavam os conceitos. Assim, o espaço, meio necessário de toda ação direta sobre as coisas, servia ainda como fundo para os ritos, crenças e representações que tentam ultrapassá-lo. A identificação entre lugares delimitados e os clãs, entre lugares históricos e tradições próprias do grupo, entre lugares consagrados e as origens totêmicas preparava o terreno para imagens e sistemas de imagens mais desencarnados, mas que não podem ser distinguidos e associados de outra forma senão distribuindo-se, também eles, numa espécie de espaço mental.

Esta assimilação entre os mitos sociais e a realidade introduzia certamente nas coisas distinções tão estranhas à sua natureza que nos parecem totalmente extravagantes. E, no entanto, organizando-as em função unicamente das atividades combinadas, reguladas, imperativas que esta etapa humana era capaz de lhes aplicar, ela iniciava um esforço prodigioso de classificação. Desde o momento em que a atividade do homem foi guiada por outra coisa que não seus automatismos a serviço de suas necessidades, em que ela já não se limitou às constelações mais extensas e mais complexas que as estruturas mais ricas de seu sistema nervoso lhe permitiam realizar imediatamente entre todos os dados úteis de uma situação atual; desde o momento em que ela se submeteu a ritos distintos da própria coisa, em que ela pretendeu realizar imagens, exprimir conceitos que ultrapassavam suas aparências sensíveis, começou então a grande tentativa especulativa que iria levar nossa espécie a tomar consciência do universo e, ao mesmo tempo, a enriquecer indefinidamente sua própria consciência, arrancando-a das simples alternâncias depressivas ou tônicas dos apetites e de sua satisfação, dos sofrimentos nascidos da necessidade, dos impulsos nascidos do desejo, e do torpor sem iniciativa nem espontaneidade que os acompanha.

O oculto é uma categoria, ou melhor, é a matriz das categorias por meio das quais o homem, a fim de agir sobre o universo, se esforçou por pensá-lo, por conhecê-lo, considerando-o distinto das simples situações que pertencem à experiência imediata e bruta, supondo nele uma realidade mais profunda do que as aparências do momento, procurando nele outra coisa que a simples ocasião de suas próprias condutas costumeiras ou repentinas, supondo nele princípios de constância, identificando-o com potências duradouras, com influências que é preciso suportar ou dominar, com razões certamente previsíveis. Colocando a eficiência, para além dos efeitos sofridos, em seres cujas forças latentes é preciso cativar e guiar através de ritos ligados à imagem deles, a categoria do oculto ligou pela primeira vez a ação a simples representações. De início é com a ajuda da representação identificada como tal ao ser, é magicamente que ela começa operando. Mas, pouco a pouco, as fórmulas se despojarão de sua semelhança com o meio humano para identificar-se mais com as relações observáveis entre o efeito obtido e a técnica utilizada. Assim, o conceito adaptar-se-á gradualmente à coisa e à sua natureza.

Sem dúvida, autores como Lévy-Bruhl ou Blondel salientaram que, na época dos mitos, a vida prática do primitivo já se dobrava às leis de uma causalidade muito mais conforme à natureza das coisas do que suas crenças nos levariam a supor. Mas esta subordinação às condições do meio se constata também no comportamento do animal mais elementar. Sua existência não poderia nem sequer ser concebida se a estrutura de seus órgãos ou a de seus atos estivesse em desacordo com as leis do universo. Adaptar-se a elas num grau pelo menos suficiente ou desaparecer é uma alternativa a que nenhum ser pode esquivar-se. Mas tomar consciência destas leis e utilizá-las por meio do conhecimento é deixar o plano da simples concordância controlada pela seleção e, por mais engenhosa que pareça esta adaptação, passar a um plano totalmente diferente de atividade, onde o material utilizado já não é mais imediatamente a coisa, mas as imagens ou os símbolos que é possível formar a propósito dela sob o controle de sua eficácia. Esta eficácia tem muitas formas e graus. Ela é ritual e humana, antes de ser experimental e física. Mas o problema consiste em saber se as etapas intermediárias não são as únicas capazes de formar o aparelho verbal e lógico, sem o qual a experiência não poderia se inscrever nos quadros do pensamento.

***

O modelo de nossos conhecimentos é hoje o da ciência. Sob este termo, no entanto, haveria ainda muitas distinções a fazer. O modelo intelectual da ciência contemporânea não é mais o da ciência cartesiana. E se voltássemos alguns séculos apenas para o passado, o modelo dos conhecimentos varia de maneira ainda muito mais profunda, a tal ponto que seríamos tentados a pensar que não se trata mais de conhecimentos, mas de ilusões, de preconceitos e finalmente de mitos. Estas noções míticas correspondiam, no entanto, a certas formas de ação, sem dúvida muito ultrapassadas hoje, mas que abrigaram durante milênios a existência das sociedades e protegeram, embora refreando-os, os primeiros progressos intelectuais. Elas representaram certas relações úteis destas sociedades com o meio natural. Foram uma maneira de agrupar as coisas da natureza, de imaginar suas forças atuantes, de concebê-las, de explicá-las, de contrapor ou de unir a estas forças as forças do homem. Seja como for que julguemos estas representações em comparação com as nossas, é impossível recusar-lhes o nome de conhecimentos. Elas implicavam técnicas. Técnicas mais sociais sem dúvida do que objetivas, mais místicas do que científicas, mas técnicas bem fixadas, que tinham seus critérios e que permitiam uma comparação entre o esforço empregado e o resultado obtido. Técnicas que foram indispensáveis para o futuro, então bem lento, das sociedades e, por conseguinte, do próprio conhecimento. Foi através destas técnicas que foram elaborados os quadros iniciais da inteligência e da reflexão.

As relações do pensamento com as coisas foram reduzidas pelos filósofos e pelos lógicos a categorias, ou seja, a formas ou princípios donde resultariam todas as séries de relações que o pensamento é capaz de reconhecer ou de estabelecer entre as coisas. A análise ou a dedução das categorias foi operada em geral sobre os produtos de sua atividade. Resulta daí que elas se confundem com seu estado em determinado momento da civilização. No entanto, os filósofos pensavam atingir, através das condições ou dos quadros mais constantes, mais indispensáveis, próprios de seu tempo, os postulados de todo pensamento possível. É a certeza de um Aristóteles ou de um Kant.

A consequência direta desta crença na necessidade de certos princípios eternos foi tornar duvidosa a exatidão das relações entre o conhecimento e seu objeto, ou até escamotear o objeto por trás do conhecimento, levá-lo seja ao agnosticismo seja ao idealismo. São agnósticos os filósofos como Kant, que, declarando a mente incapaz de captar algo a não ser através das categorias *a priori*, condenam-na a encontrar nas coisas sua própria estrutura e impedem-lhe o acesso ao ser essencial das coisas, à sua realidade em si. São idealistas os que, partindo desta incapacidade, perguntam-se por que o homem suporia fora de seu próprio conhecimento um objeto que o ultrapassaria.

Estes raciocínios cairiam por terra se se estabelecesse que as categorias atuais do conhecimento não têm uma constância e uma fixidez absolutas, que elas nem sempre existiram sob sua forma presente e que estão destinadas aparentemente a evoluir ainda. Parece-nos, sem dúvida, que hoje a semelhança entre as coisas como elas são e como nós as imaginamos é tão exata que a passagem deve ser imediata, que ela é necessária. Mas à medida que afastando-nos do tempo presente, remontamos às concepções do passado, parece aumentar a distância entre as concepções humanas e a natureza das coisas. O exemplo dos primitivos não é senão um termo extremo. Mas, se examinássemos de perto sistemas ideológicos muito mais próximos de nós e dos quais pensamos que os nossos procedem, encontraríamos também neles dessemelhanças singulares. Por exemplo, entre nossas maneiras de pensar e as de Platão, entre suas concepções sobre o ser e sobre a causalidade e as de hoje. Em Platão as imagens, as *Ideias*, não conservam porventura como que um reflexo de poder mágico, que deixa pressentir a transição do pensamento "místico" ou primitivo para nossas maneiras racionais de pensar? Platão marca uma distinção muito nítida entre o invisível e o visível, uma preponderância absoluta da essência espiritual sobre a aparência sensorial das coisas. Nesta, ele vê a simples degradação daquela. Não é da mesma forma que o primitivo, misturando a sobrenatureza à natureza, as potências místicas ao real, atribuía às primeiras uma eficiência e uma existência soberanas? Fazendo isto, não prenunciava ele o homem moderno, que postula a exata semelhança entre suas representações e as coisas e que confia em suas ideias sobre o real para modificá-lo?

Diríamos que só os conhecimentos adquiridos podem justificar esta pretensão e também que só eles são capazes de modelar os quadros do conhecimento, de despertar no homem a razão? É sem dúvida por meio deles que a razão se desenvolveu ao longo dos séculos e que cada sociedade pôde integrar alguma coisa dela própria na evolução da inteligência humana. No entanto, não se deveria desprezar as dificuldades e as contradições que cada progresso do conhecimento lhe impunha resolver, diante do real novamente rebelde, e que deviam ser resolvidas através da reforma do próprio instrumento racional. Há épocas em que o esforço do pensamento parece ter sido o de forjar, de depurar os princípios da razão, em vez de aumentar o estoque dos conhecimentos. Por exemplo, a época grega, entre Pitágoras e Platão passando pelos sofistas, na qual o racionalismo procura livrar-se do misticismo e fixar as bases do raciocínio verdadeiramente demonstrativo; o esforço de Aristóteles para inventariar sem dúvida os conhecimentos de seu tempo, mas a fim de fazê-los entrar nos quadros do pensamento; depois, essa outra época de rigorosa e sutil elaboração conceitual que é a escolástica medieval.

Este trabalho nunca estará terminado enquanto nossos conhecimentos progredirem. Há momentos em que a ciência é obrigada a transformar seus princípios essenciais: por exemplo, a física de nosso tempo. Esta necessidade é um escândalo somente para aqueles que contrapõem uma estabilidade ilusória, e os princípios pretensamente definitivos da razão, às transformações forçadas da mente à medida que ela penetra mais profundamente no real. A fórmula das categorias não é dada de uma vez por todas. As categorias acompanham a atividade humana em sua capacidade de utilizar as coisas. Elas são, a cada estágio do pensamento, aquilo que os meios de que o homem dispõe em face do universo querem que elas sejam. Sendo assim, não é mais preciso escolher entre o agnosticismo ou o idealismo. Ambos dão lugar a um realismo que não é a crença numa identidade imediata entre a impressão bruta que nos causam as coisas e sua essência, mas é, ao contrário, a certeza de que, progredindo e transformando-se, nossos conhecimentos são, a cada época, a testemunha das leis e das estruturas que nossas técnicas nos permitem descobrir e aplicar na natureza.

As consequências deste abraço apertado entre a mente e as coisas têm um alcance imprevisível. A estruturação da razão através das necessidades do conhecimento não é irrevogável. Distinções que pareciam ter-se tornado fundamentais podem ser derrubadas. Certas amputações da sensibilidade e da inteligência podem ser apenas provisórias. Pode parecer que determinadas maneiras intuitivas de se relacionar com os seres, com as coisas ou com o universo estejam regredindo. Mas não é certo que essas maneiras de se relacionar não possam reviver em consequência de um novo artifício do pensamento em seu contato com o mundo. Desde já é possível que fecundem no momento oportuno os esforços mais objetivos de nossas sociedades contemporâneas e de nossas ciências. Não há forças que sejam abolidas para sempre, mesmo quando devamos considerá-las ultrapassadas e pertencentes a uma forma de ação ou de mentalidade mais primitiva do que a nossa.

Mas, se é assim, a contradição não pode estar, como supunham Lévy-Bruhl, Blondel ou Piaget, entre nosso tipo atual de pensamento e os outros. A contradição que é preciso considerar é aquela que contrapõe a inteligência das situações, onde a ação e as coisas se fundem, e a inteligência que trabalha sobre representações e símbolos, após ter elaborado esse material desde as civilizações mais longínquas. Será possível captar a passagem entre uma e a outra? Problema bem ambicioso, mas do qual é lícito apontar aqui pelo menos alguns fatores psicológicos.

PARTE II

Os prelúdios psicomotores do pensamento

I
Os primeiros estágios

A complexidade ou a diversidade das soluções surgidas diante de situações concretas não podem chegar a suprimir o obstáculo que se levanta entre a inteligência puramente prática e a inteligência que parte dos mitos e dos ritos para se tornar, com o progresso das civilizações, conhecimento racional e conhecimento científico. Sem dúvida, é impossível que, coexistindo, estas duas inteligências não sejam utilizadas ambas sucessiva ou simultaneamente pelo ato em vias de previsão ou de execução. Mas, em seu princípio, uma diferença essencial as distingue. Uma – a inteligência prática – esgota-se inteiramente nas circunstâncias que utiliza e nos resultados que produz. Para ela, a combinação dos meios não é senão a utilização dos recursos atualmente fornecidos pela disposição dos lugares e das coisas. A combinação dos movimentos não exprime outra coisa senão a capacidade de modificar o campo operacional, até fazê-la coincidir com o efeito a obter. Por mais engenhosos que sejam os estratagemas utilizados, por mais sutis que sejam os gestos, sua razão de ser confunde-se com sua execução presente. Seu único significado são suas consequências imediatamente visíveis. Um gesto ritual, pelo contrário, não significa nada senão relacionado a um protótipo, não tem outro motivo senão obter por intermédio deste um resultado cujas condições ou possibilidades não pertencem, pelo menos em sua totalidade, ao campo das circunstâncias presentes. O gesto, em si mesmo, é menos ato do que figuração simbólica de um ato. As consequências procuradas não estão nele, mas nas forças que ele tende a evocar, ou seja, naquilo que ele representa. O rito introduz a representação e, por meio dele, a representação torna-se o intermediário ou o condensador de uma eficiência que não está no simples manuseio bruto das coisas, na simples ação muscular em contato com os objetos.

De início, a aparência pode iludir sobre o futuro respectivo do gesto prático e do gesto ritual. Um – o gesto prático – é inventivo, é guiado por uma espécie de intuição plástica que o leva a experimentar e utilizar as qualidades ou propriedades das coisas. Seus tateamentos guiam o conjunto das operações onde se combinam e se fundem as circunstâncias favoráveis ao sucesso. Ele é fonte de um *savoir-faire* ou habilidade que pode desenvolver-se seja em simples destreza, seja em posse latente de procedimentos familiares. O outro – o gesto ritual – é logo de saída estereotipado. Parece, às vezes, como acontece na criança, resultar automaticamente da tendência elementar que a fórmula de nossos atos tem de repetir-se sob a influência de circunstâncias análogas ou mesmo por uma espécie de persistência autônoma. A invenção parece-lhe totalmente estranha. No entanto, a aquisição de condutas práticas, mesmo variadas, não pode renovar-se indefinidamente, e sua utilização oportuna não pode impedir que elas se tornem rotinas no animal adulto e deixem obnubilar-se sua capacidade de organizar livremente seu campo de atividade. O gesto ritual, pelo contrário, abrindo o indivíduo às influências do meio que lhe fornece seu modelo, pode muito bem ser de um nível motor bastante baixo, mas torna-se instrumento de uma atividade com motivos tão indefinidamente renováveis quanto a evolução das sociedades pode produzir.

A distinção verdadeiramente crítica entre os dois – gesto prático e gesto ritual – é que, limitado à sua atividade puramente prática, donde, segundo alguns, teria surgido seu saber técnico e depois científico, o primitivo jamais teria podido dispor dos símbolos nem das representações que eram indispensáveis, não somente para registrar, reter e divulgar suas invenções, mas também para imaginá-las, compreendê-las, analisá-las, fazê-las ultrapassar o estado de simples condutas concretas nas quais as circunstâncias materiais do ato são parte íntima de sua estrutura. O rito mais grosseiro, pelo contrário, aquele no qual figuração e coisa são indistintas ao máximo, já implica, pelo fato de ser rito, o desdobramento do real e de sua representação, do efeito observável e das potências, forças ou princípios que devem entrar em jogo para produzi-lo. Abre-se então todo um novo ciclo, o ciclo das combinações puramente imaginativas e mentais, sem as quais o mundo não seria nem pensado, nem conhecido e não poderia ser modificado senão pela simples ação muscular.

O que permite à inteligência esta transferência do plano motor para o plano especulativo não pode evidentemente ser explicado, no desenvolvimento do indivíduo, pelo simples fato de suas experiências motoras combinarem-se entre si para melhor adaptar-se às exigências múltiplas e instáveis do real. O que está em jogo são as aptidões da espécie, particularmente as que fazem do homem um ser essencialmente social. Esta influência se faz sentir desde os estágios mais elementares de seu comportamento e de seus movimentos. Mas, se eles se antecipam de longe à capacidade de pôr a atividade motora a serviço da representação, nem por isso são capazes de explicá-la.

***

É uma ilusão frequente dos psicólogos acreditar que as formas ou transformações da vida psíquica podem ser reduzidas apenas a fatores ou elementos psíquicos. Alguns chegam a considerar uma obrigação não reconhecer outros fatores. Sem dúvida é a psicologia da consciência ou da introspecção que continua a impor seus limites ao campo de estudo dos psicólogos. Mas a desconfiança deles contra as conexões entre o psíquico e o biológico deve também fundar-se sobre uma justa crítica da primeira fórmula dessas conexões que foi apresentada, em particular, por Taine, quando comparava as relações destas conexões com as relações entre um único e mesmo texto em duas línguas diferentes, onde os termos de cada uma corresponderiam ponto por ponto aos da outra. A busca desta exata correspondência só podia chegar, com efeito, a uma desfiguração mútua entre o psíquico e o orgânico: assim a associação entre duas ideias era explicada pela relação entre dois elementos nervosos e o movimento era explicado por combinações de imagens. Fazer alternar assim os dois sistemas não era outra coisa senão brincar de esconde-esconde com a dificuldade.

Cada domínio, morfológico, fisiológico ou psíquico, manifesta-se à sua maneira, não pode ser estudado senão com a ajuda de técnicas apropriadas e tem suas leis particulares. O crescimento e a conformação do órgão têm outras condições que não as aptidões das quais ele se torna a sede, o que não o impede de figurar ele próprio entre as condições para seus efeitos. Para afirmar esta relação basta constatar que à agenesia ou destruição do órgão correspondem o desaparecimento ou as alterações dos efeitos. Mas este elo de causalidade não acarreta que as duas séries devam corresponder-se em toda sua extensão. Longe disto, talvez seja a incidentes explicáveis apenas por uma das duas séries que se deverá a mudança, de certa forma acidental, que terá na outra série repercussões essenciais. Uma modificação do órgão sob influências puramente vegetativas, seu aumento de volume ou determinada complicação de sua forma podem fazer com que ele possa ser, por assim dizer, habitado por novas funções, relacionadas com outras formas de comportamento e de vida. A atividade humana é inconcebível sem o meio social; mas as sociedades humanas não poderiam existir sem indivíduos que possuem aptidões como a da linguagem, que supõe uma determinada conformação do cérebro, já que certos danos à sua integridade privam o indivíduo da palavra, do mesmo modo que, por falta de um cérebro semelhante ao do homem, não existe nenhuma outra espécie conhecida que tenha um sistema de sinais adaptável indefinidamente a novos significados, como são as línguas humanas. É, por conseguinte, impossível dizer se foi o homem que fez a sociedade ou se foi a sociedade que fez o homem. Mas na origem da espécie humana talvez haja um acidente de crescimento, uma mutação cujas causas pertencem à histogênese e que teve como consequência as civilizações. Desta forma, a evolução não é um sistema fechado no qual os mesmos fatores reagiriam perpetuamente entre si.

Certamente isto vale para o desenvolvimento do indivíduo. Este não tem desde o nascimento o apetrechamento de reflexos ou de percepções cujas combinações bastariam para explicar todas as suas condutas posteriores. De uma fase da vida para outra despertam para a atividade partes de seus centros nervosos cujo isolamento e inércia persistem enquanto um invólucro de mielina não tiver tornado permeáveis ao influxo nervoso as fibras que unem essas partes entre si. Esta maturação orgânica é indispensável para a evolução funcional. Ela deposita nesta, a cada vez, possibilidades que se acrescentam ao material anterior e que não podem ser extraídas dele como um simples efeito de seus mecanismos intrínsecos. Assim prossegue o crescimento da criança, não de acordo com aquilo que ela é a cada instante, mas de acordo com o tipo que ela deve realizar como adulto. Hoje não são muitos os psicólogos que recusam à maturação o seu papel. Diversos tentaram até pô-la diretamente em evidência, comparando com suas bruscas manifestações funcionais o fracasso de um aprendizado que gostaria de antecipar-se a ela.

***

Sucedem-se assim estágios cuja existência se apaga evidentemente para aquele que prestou atenção apenas às combinações de elementos considerados como os únicos materiais da vida psíquica e que deseja ver neles a pré-formação exata daquilo que ele considera o tipo necessário do pensamento adulto. Aliás, não bastaria nem mesmo inventariar, a cada período, todos os fatores que ali se encontram, pois o importante é menos sua presença do que suas relações e seu papel. O que distingue os estágios entre si é um estilo particular de comportamento. Sem dúvida, sua sucessão é tão rápida nas primeiras etapas da infância que nos confins entre um estágio e outro pode haver intricamento mútuo e frequentemente também alternância. Sua fisionomia específica é, não obstante, bem reconhecível e sua sucessão global evidente.

Os primeiros estágios só podem ser aqueles aos quais a aptidão simbólica e a capacidade de representação, tão tardias na evolução, são as mais estranhas. Porém, na medida em que a criança não pode orientar-se senão para o meio humano e técnico do qual dependem a todo instante sua subsistência e sua existência, eles trazem já o reflexo das relações às quais a palavra e o dom de imaginar as coisas servem como instrumento indispensável nas relações humanas.

O estágio que sucede às simples reações de apetite alimentar e de inquietude motora está voltado para os outros, para o ambiente humano. A criança demonstra, desde as primeiras semanas, uma sensibilidade afetiva cujas manifestações se organizam gradualmente, de maneira a realizar, por volta dos seis meses de idade, todo o sistema das emoções essenciais. Já muito antes seus sorrisos impressionaram os observadores pela qualidade expressiva. Ch. Buehler chega até a sustentar que, desde o início, esses sorrisos nunca acontecem senão em resposta à visão de um rosto humano, que eles são por conseguinte uma reação ligada especificamente às relações do bebê com as pessoas de seu ambiente familiar. Com efeito, bem depressa eles assumem este significado; mas os primeiros sorrisos parecem dever-se a um estado de bem-estar subjetivo, como, por exemplo, uma boa digestão. Tanto mais surpreendente, aliás, é vê-los quase imediatamente canalizados pelas relações da criança com a mãe.

A marca psíquica do comportamento, neste período, é a de uma fusão com o ambiente humano do qual a criança depende então totalmente, por ser incapaz de prover sozinha às suas necessidades mais elementares. Com esta condição fundamental de sua sobrevivência vem a calhar o desenvolvimento rápido e completo de seus automatismos emocionais. O resultado essencial destes não é, com efeito, harmonizar os que se encontram juntos na mesma situação e provocar em todos reações convergentes, complementares ou recíprocas?[1]

---

1. Cf. *Encyclopédie Française*. T. VIII, seção C, cap. 1.

A importância dos automatismos emocionais é atestada por seu fundamento biológico. Eles dependem de centros nervosos especiais. Seu aparecimento na criança é resultado de maturação, cujos efeitos podem se manifestar até na ausência de uma motivação psíquica reconhecível, como acontece com certos idiotas, que são como que o palco de acessos ou de arroubos emocionais que nenhuma circunstância presente parece justificar. Este início do ser humano pelo estágio afetivo ou emocional, que aliás corresponde tão bem à imperícia total e prolongada de sua infância, orienta suas primeiras intuições para os outros e coloca em primeiro plano nele a sociabilidade.

O estágio seguinte volta-se, pelo contrário, para o mundo físico. Mas, antes de ser um manuseio das coisas, deve realizar um acordo amplo e diferenciado entre as percepções e os movimentos. Sob sua forma mais simples esta relação é um ato reflexo. A determinada excitação corresponde determinado sistema de contrações musculares, que pode muito bem ter sido determinado em parte pelas circunstâncias, mas que permanece o mesmo enquanto a situação não se lhe torne radicalmente contrária. Relações muito mais diversificadas e muito mais livres podem também ser desenvolvidas entre a série perceptiva e a série motora. O pipiar comum dos pássaros parece feito de pios bastante monótonos para cada um deles e sempre os mesmos para o mesmo gênero de excitações. Mas, no silêncio dos outros pássaros, o melro levanta-se bem cedo e o rouxinol aguarda a noite a fim de escutarem o próprio canto e aprenderem a diversificar por um controle mútuo suas contrações sonoras e o efeito reconhecido e depois desejado pelo seu ouvido. Dessa forma estabelecem-se conexões auditivo-motoras extremamente variadas e sutis. A criança não faz outra coisa em seu período de lalação e de murmúrio, que a leva a descobrir, ao mesmo tempo em seu registro fonador e em seu registro auditivo, uma grande quantidade de sons articulados, muitos dos quais serão utilizados pela língua que ela irá falar. Exercícios sensório-motores semelhantes prosseguem entre todos os domínios sensíveis e motores: tátilo-cinestésico, visuomotor, audiofônico. Eles chegam ao duplo resultado de ligar familiarmente ao efeito perceptível os movimentos capazes de produzi-lo ou diversificá-lo sistematicamente e, por isso mesmo, de permitir identificá-lo melhor entre os outros. Com esta coordenação mútua dos campos sensoriais e motores realiza-se o arranjo funcional da atividade em vista de suas tarefas objetivas. Mas este estágio ainda não é o estágio em que a atividade é capaz de buscar seus temas no mundo exterior e usar coisas segundo a estrutura própria delas[2].

Mais tarde vem o estágio projetivo[3], onde é sempre a ação motora que regula a aparição e o desenvolvimento das formações mentais. Não se trata mais de organizar o aparelho das investigações sensório-motoras, mas de já misturar o ato à realidade exterior. Mas

---

2. Cf. WALLON, H. *L'évolution psychologique de l'enfant*. Parte II. Paris: A. Colin, cap. 1.
3. Cf. WALLON, H. *L'enfant turbulent*. Parte I. Paris: Alcan, cap. III [Trad. port. *A criança turbulenta* – Estudo sobre os retardamentos e as anomalias do desenvolvimento motor e mental. Petrópolis: Vozes, 2007].

esta realidade ainda não é acessível a não ser através da ação voltada para ela. Ela não se esboça distintamente no campo da pura representação, e suas relações são aquelas que os próprios atos, em sua sucessão às vezes contingente e sempre prática ou subjetiva, nela introduzem. O sistema pelo qual se realiza o contato com as coisas é que leva a melhor sobre o sistema das associações entre imagens e símbolos. Daí resulta uma figuração motora que, destacando-se da ação propriamente dita, poderá assumir cada vez mais o aspecto de um simulacro; mas há ainda uma grande diferença entre este e a representação pura.

***

A persistência deste estágio pode ser observada nas histórias da criança, nas quais seus gestos distribuem ao redor dela as presenças ou as circunstâncias que ela quer evocar, e em seus jogos, nos quais ela transforma objetos quaisquer nos objetos que ela finge manejar. Muitas vezes até o objeto falta totalmente e subsiste apenas o gesto.

Aos 26 meses, uma menina põe-se espontaneamente a servir o jantar aos avós. Ela traz uma pequena mesa, sua cadeirinha e um único prato. Todo o resto é fictício: gesto de pôr o segundo prato, a colher; simulacro de colocar o guardanapo no pescoço do avô. Ela passa para o compartimento ao lado, seu quarto, como se fosse a cozinha; vai buscar a sopa; depois serve outras iguarias; entre cada uma delas troca os pratos; não esquece nem o iogurte, nem os doces, nem a água de Evian; depois ela retira os pratos e vai lavar a louça.

Uma outra criança de 3 anos e meio brinca de lavar seu urso de pelúcia, mas apenas finge ensaboá-lo. Executa o gesto de pegar o sabão, de agarrar uma garrafa, de tirar a tampa, de esfregar, de enxugar, sem ter nada nas mãos a não ser o urso.

O gesto pode, portanto, tornar como que presente o objeto ausente e substituí-lo. Às vezes chega também a substituir todo um episódio: uma menina de 9 meses e meio põe na cabeça seu boné de passeio e passeia no corredor, num dia em que chove e é preciso ficar em casa. Por dois ou três dias a cena se repete nas mesmas condições. Depois é provocada à simples vista do boné.

O gesto pode ainda ser um meio de estabelecer analogias que dificilmente poderiam ser formuladas de outra forma. Aos 22 meses uma menina que, desde a idade de um ano, tinha o hábito de agitar a mão a modo de adeus quando ia para a cama ou passear, usa o mesmo gesto quando desaparece uma pessoa conhecida e, diante de seu livro, cada vez que a página, ao ser virada, faz desaparecer a imagem de um gato ou de um cachorro. Por inversão do subjetivo em objetivo, aquilo que era signo de sua própria partida torna-se signo para tudo o que desaparece. Algumas semanas depois de ter desviado a cabeça para evitar ser queimada por uma colherada de mingau muito quente, este mesmo movimento se repete, não apenas para uma comida de que não gosta, mas também quando ela está indisposta ou deseja brincar. Estando habituada a dizer "cou-cou" quando alguém se subtrai a seus olhos ou quando ela está escondida, ela exclama de repente, aos 19 meses, "cou-cou" diante de um senhor cujo rosto reaparece por trás do jornal que ele está lendo. Ela faz o mesmo ao ver a cabeça de uma pessoa emergir da camisa que ela veste (exemplos de Wintsch).

A tendência de unir entre si impressões diversas por meio de um signo comum utiliza, portanto, o gesto. As situações, em vez de permanecer em particulares, são assim agrupadas, às vezes mais ou menos confundidas, em séries analógicas, quando se prestam à repetição da mesma ação tornada familiar à criança. Isto já seria uma espécie de generalização e uma figuração, se o gesto não estivesse voltado mais para a realização da cena do que para sua representação, e se a expressão que o gesto lhe dá não fosse sempre tão especial que a cena não pode revestir-se de um significado em que sejam ultrapassados cada um dos objetos e das situações sucessivamente rotulados por ele.

2
Imitação e representação

Uma forma de atividade que parece implicar incontestavelmente relações entre o movimento e a representação é a imitação. Se definirmos a imitação como o ato pelo qual um modelo é reproduzido, a representação do modelo é sua condição necessária; por conseguinte, a capacidade de formar representações lhe seria anterior. Mas na criança a imitação é assinalada numa idade bem precoce, quando esta capacidade não existe manifestamente. Uma outra definição, aparentemente mais objetiva, a deduz da simples semelhança entre dois atos, se seus autores estiverem em situação de observar-se mutuamente. Mas então ela é estendida a casos em que a causa evidente desta conformidade deve-se a outras influências. Mesmo autêntica, de resto, ela recobre na verdade fatos que pertencem a etapas muito distintas da evolução psíquica.

O interesse da imitação é a contradição que ela obriga a resolver entre sua definição, em que está forçosamente incluída a imagem de um modelo, e sua aparição efetiva desde uma idade em que a criança seria incapaz de pautar, segundo um simples espetáculo exterior a ela, seus movimentos até então suscitados por livres impulsos ou por excitantes e situações apropriados. As etapas sucessivas da imitação correspondem, portanto, com toda exatidão, ao momento em que a representação que não existia deve chegar a ser formulada. Elas obrigam a reconhecer um estado do movimento, em que este deixa de confundir-se com as reações imediatas e práticas que as circunstâncias fazem surgir de seus automatismos, e um estado da representação, em que o movimento a contém já antes de ela saber se traduzir em imagem ou explicitar os traços de que deveria ser composta.

***

A conformidade mútua dos atos em indivíduos que se encontram juntos pode ter causas bem diferentes da imitação. Um pintinho recém-saído do ovo e que debica ao lado da galinha parece seguir-lhe o exemplo. Mas o pintinho chocado numa incubadora e que não tem modelo, debica também ao ruído de um lápis cuja ponta toca na mesa ou de um grão que cai no chão. Trata-se, portanto, de simples reflexo, que corresponde a seu excitante específico. Gatinhos, à vista de um rato, parecem rivalizar entre si para pegá-lo. Trata-se de um simples despertar simultâneo do mesmo instinto em todos, pois pode acontecer que, numa mesma ninhada, não ocorra o mesmo efeito na mesma data. Yerkes menciona um gatinho de quatro semanas que apresentava o instinto integral: perseguir, capturar, rosnar, brincar, matar. Os outros tiveram as mesmas reações apenas após o fim do segundo mês. Resultado da maturação funcional, não da imitação.

Ao mesmo mecanismo foi atribuído o despertar de condutas muito complexas e muito diferenciadas. Em consequência de conexões muito estreitas entre o ouvido e a laringe, o pássaro cantor saberia reconhecer espontaneamente o canto de sua espécie. Mas isto não é exato, pelo menos não para todas as espécies. Pois acontece com muita frequência que o indivíduo, isolado dos seus, ou não canta ou então reproduz o canto de outra espécie. Com mais forte razão é inadmissível a tese de Le Dantec, que explica a palavra do homem por uma correspondência reflexa entre o ouvido e o aparelho fonador. São os exercícios repetidos e tão diversos de murmúrio, a que a criança se entrega durante muitas semanas, que estabelecem esta correspondência. Aliás, a imitação de início não tem nada a ver com isso. Ela não acontece senão no momento em que se tratar de repetir as palavras do adulto. Então intervém também a aptidão de dotar os sons de um sentido, o que é o essencial da linguagem, mas isto é uma ordem de fatos totalmente diferente das simples associações audiocinéticas.

A identidade do objetivo desencadeia também atos semelhantes em seres semelhantes, e a concorrência pode contribuir para suscitá-los: por exemplo, no caso de dois animais diante da mesma presa ou da mesma tarefa. O cachorro vem pôr o focinho na mesma gamela ou no mesmo buraco onde o põe outro cachorro. Um rato vem roer no mesmo lugar onde ele vê outro rato roendo (Berry). Um macaco remexe no buraco onde um outro macaco acaba de enfiar o braço (Kinnermann). Muitas vezes uma mesma ocupação, um mesmo jogo se generalizam: um chimpanzé que dança atrai outros chimpanzés e eles formam juntos uma fila indiana, saltando uns atrás dos outros (Koehler). Esta semelhança de gestos pode ser modificada pela busca do menor esforço: um pássaro voa no vácuo daquele que lhe abre um caminho no ar; coloca-se atrás daquele que sabe abrir a gaiola e, às vezes, esboça os mesmos gestos que ele (Porter). A mesma coisa faz o rato-branco que segue os passos do companheiro capaz de encontrar uma saída da prisão (Berry).

Um simples gesto de atenção é capaz de orientar para o mesmo objeto a atenção de outros indivíduos. O cão olha facilmente na direção para onde olha seu dono. Em compensação, ele não sabe senão pular na direção do dedo estendido que lhe aponta um alvo. Bem cedo, a criança fica atenta aos mesmos objetos visuais ou acústicos aos quais estão atentas as pessoas que a cercam (Guillaume). Aos poucos, os sinais de atenção tornam-se para ela um sinal que suscita uma atitude análoga de sua parte. A reação que inicialmente estava ligada ou a uma convergência de comportamento ou à presença do objeto transfere-se assim ao signo isolado. Aos 22 meses, a própria criança estende a mão na direção indicada, perguntando "lá?" (Guillaume).

Os gestos de acompanhamento são também muito precoces. Desde as primeiras semanas, Preyer viu seu filho voltar a cabeça da direita para a esquerda, ao mesmo tempo que uma lâmpada balançava diante dele, não para segui-la com os olhos, já que o ritmo de seus próprios movimentos era muito mais lento do que as oscilações do objeto, mas por uma espécie de identificação perceptivo-motora que ainda não pode ser considerada uma imitação. Guillaume notou que aos 6 meses a criança se associa ativamente ao ritmo do balanço que imprimem a seu corpo. Entre os 8 e os 9 meses, o filho de Preyer, vendo a tampa de uma moringa subir e descer alternadamente, faz um gesto semelhante com a mão. "Não se trata aqui – afirma Preyer – de movimentos imitativos, mas de movimentos concomitantes". Aos 10 meses e 13 dias, outra criança desloca o peso alternadamente de uma perna para a outra com o mesmo balanceio que fazem as amas de leite. As 16 meses e 22 dias, caminhando atrás dos coleguinhas que marcham em fila segurando-se pelo avental, uma criança entra no mesmo ritmo que eles. – É uma sensibilidade que já encanta vivamente o bebê, desencadeada pelo embalo e o balanço ritmado. Após ter experimentado passivamente esse prazer, a criança o procura ativamente. A menor ocasião externa basta então para suscitar na criança a necessidade de executar seus próprios ritmos e, por meio deles, harmonizar-se com o ambiente e estender sua sensibilidade subjetiva aos objetos que a cercam.

    É por um mecanismo semelhante que se explica o contágio do bocejo. Este contágio é tanto mais incoercível porque, por suas disposições do momento, por seu estado de fadiga ou de tédio, o sujeito estaria mais propenso a bocejar espontaneamente. Mas estes gestos de acompanhamento podem gradualmente tornar-se uma preparação direta para a imitação. Por exemplo,

Stricker chama a atenção para o seguinte: quando alguém observa uma tropa em manobras, acontece-lhe muitas vezes experimentar sensações musculares tão vivas como se ele próprio estivesse recebendo as ordens. Assistindo uma partida, o espectador sente em seu próprio corpo a agitação das equipes adversárias e tem muitas vezes a impressão de fazer interiormente o gesto a ser executado, ou de corrigi-lo se falhou. Quando o funâmbulo parece perder o equilíbrio, o espectador tem a impressão de restabelecê-lo por uma contração de seus próprios músculos. No momento em que vê o ginasta elevar-se do trampolim, quem assiste experimenta no peito e nos olhos uma sensação de tensão e de movimento. Um orador rouco provoca nos ouvintes a necessidade de limpar a voz mediante um discreto pigarro. Descartes notou que, no instante em que o cantor leva ao limite o volume de sua voz, uma espécie de esforço concomitante aumenta o efeito nos que o escutam.

Uma outra forma desta participação, que acarreta também, nos indivíduos presentes, reações semelhantes ou conjugadas, sem no entanto proceder da imitação, é a emoção. Esta tem todo um aparato expressivo que a propaga de um indivíduo a outro, determinando entre todos uma unissonância de lágrimas, de riso, de ameaças, de violências ou de pânico. Seu poder de invasão, anterior a toda reflexão, deve-se ao fato de seus traços aparentes tornarem-se uma coisa só com a totalidade dos automatismos, ao mesmo tempo motores e vegetativos, que constituem cada variedade de emoção. Mas, se esses automatismos são uma porção indissolúvel da emoção e se trazem consigo, desde que acontecem, o processo total da emoção, sua própria força contagiosa é a força de um sistema expressivo que parece ter-se constituído para assegurar a necessária comunidade das reações em grupos de tipo arcaico, nos quais as relações entre indivíduos eram ainda de tipo gregário. Explica-se assim que a violência das emoções cresça com o número dos que nelas participam e que seu desencadeamento anule qualquer possibilidade de julgamento, de reflexão, de cálculo intelectual. Mas que sua função tenha sido considerada útil, nada melhor para demonstrá-lo do que os ritos e as cerimônias que, nas hordas primitivas, se destinavam a levá-las a atingir seu paroxismo e a fundir num único turbilhão todas as violências, todos os terrores, todas as energias individuais.

A semelhança funcional dos automatismos próprios a cada emoção explica suficientemente que a imitação não tenha precisado intervir para suscitar reações semelhantes em indivíduos diversos. Mas como pôde acontecer sua sensibilização recíproca, da qual resulta que as manifestações de um despertam seu equivalente no outro? Um mínimo de aprendizado pode ter sido necessário. A harmonia dos sorrisos entre a mãe e a criança, por mais precoce que seja, foi precedida por sorrisos em que desabrochava apenas o bem-estar vegetativo do bebê. Para este bem-estar os cuidados sorridentes da mãe contribuem com tanta constância que as relações entre os dois sorrisos não tardaram a selecionar-se, a fixar-se, a especializar-se entre todas as outras. De modo mais geral, a emoção foi inicialmente sentida em comum sob o choque de um acontecimento, de uma situação capaz de suscitar os mesmos automatismos em todos os assistentes. Assim pôde ocorrer a fusão entre aquilo que é simultaneamente reconhecido nos outros e sentido em si mesmo. Bem cedo tornou-se como que inevitável a passagem de uma coisa à outra.

A influência que indivíduos participantes dos mesmos acontecimentos, da mesma existência, do mesmo ambiente exercem uns sobre os outros é extremamente sutil e tênue. Ela pode estar ligada aos lugares e às circunstâncias que fazem renascer seus efeitos, quando o tempo parecia tê-los apagado. Elsa Koehler fala de uma menininha que, aos 2 anos e 7 meses, tinha um sotaque que apresentava variações muito sutis conforme ela se dirigia à mãe que era de Berlim, ao pai que era húngaro ou à empregada que falava alto-alemão. Aos 3 anos e 1 mês, entrando num cômodo onde seis meses antes se havia encontrado com uma menininha com sotaque tcheco, ela retoma este sotaque e logo em seguida evoca a lembrança da coleguinha. Assim constituem-se na criança blocos sincréticos de impressões e de reações que, se for o caso, a levam como que a incorporar personagens ou fragmentos de personagens distintos, conforme as situações pelas quais ela passou e pelas quais passa novamente. Nesta impregnação pelo ambiente existe sem dúvida alguma coisa que se assemelha à imitação, mas é uma imitação sem imagem, ou mesmo sem modelo, difusa, ignorante de si própria, uma espécie de simples mimetismo.

***

As relações de semelhança ou de participação com o meio social é que fazem destas diferentes atividades o prenúncio da verdadeira imitação. Alguns autores, porém, na esteira de W. Stern, querem derivá-la daquilo que eles chamam de "imitação de si mesmo". É mais uma vez a ilusão de um eu solitário, cujas atividades seriam como que autógenas, e que ele ampliaria progressivamente estabelecendo relações com o meio. Mas um fato, diversas vezes realçado, deveria bastar para mostrar o intervalo que separa o ato de imitar os outros do ato de repetir a si mesmo. É a partir da 11ª semana, segundo Scupin, ou a partir da 15ª, segundo Preyer, que, após ter mostrado espontaneamente a língua para a mãe ou feito uma careta diante de uma vela acesa, a criança se torna capaz de repetir este gesto ao ver alguém dos que a cercam reproduzi-lo quase logo em seguida. A intervenção dos outros não fez senão reativar uma disposição à repetição, que havia sobrevivido ao movimento como uma espécie de vestígio ou de tendência consecutiva. Não pode tratar-se de imitação. Com efeito, quando, apenas no sétimo mês, a criança sabe repetir sua careta sobre o modelo dos outros, a imitação permanece muito inferior ao ato espontâneo. Observação semelhante pode ser feita quanto aos sons, que são muito mais tardios e incorretos quando repetidos após terem sido apenas ouvidos do que se a audição seguiu de perto a enunciação espontânea deles. O movimento, em sua materialidade aparente, não constitui o ato. Um mesmo movimento pode corresponder a níveis bem diferentes de atividade. O conjunto de que ele faz parte, o comando de que ele depende é que o classificam funcionalmente. Uma coisa é mostrar a língua por imitação ou espontaneamente e outra mostrá-la obedecendo a uma ordem verbal: com crianças pequenas ou crianças especiais muitas vezes não é possível obter este gesto senão executando-o a gente mesmo diante delas.

A repetição pode ter alguma coisa de incoercível. Ela encontra-se então, no adulto, simultaneamente com perturbações motoras que envolvem as funções puramente automáticas do mesencéfalo. É a *palicinesia*, ou reprodução reiterada do gesto que acabou de ser realizado, e a *palilalia*, ou repetição da frase enunciada pelo próprio sujeito. O número das repetições é variável. Pode chegar a dez ou quinze. Pouco a pouco as recidivas diminuem de amplitude e se abreviam. Será esgotamento ou freada gradual da excitação inicial, que o primeiro ato não teria podido empregar totalmente? Existe sem dúvida também uma tendência dos movimentos a repetir-se, tendência que não poderia mais ser suspensa quando se rompem certas conexões nervosas. Normalmente esta tendência poderia ser utilizada, particularmente, através dos gestos ritmados. Os centros nervosos atingidos nos casos de palicinesia são, com efeito, daqueles que regulam o curso dos automatismos, e as perturbações motoras que a acompanham dizem respeito à regulação do tônus, cujas relações com as ágeis modulações do gesto são muito estreitas. Existe, portanto, uma repetição do gesto que parece pertencer a seu mecanismo íntimo. Ela é, por conseguinte, de um nível funcional muito inferior ao dos movimentos feitos com intenção ou segundo imagens, quer perceptivas quer mentais.

Também não é possível equiparar a uma imitação de si mesmo os atos de *perseveração*. A reaparição do mesmo ato ou das mesmas frases e das mesmas locuções não se parece mais então ao acionamento de um mecanismo avariado e que não se deixaria controlar. A perseveração implica mais a atividade psíquica. Sem dúvida, é ainda uma fórmula motora que se impõe, podendo impedir assim a realização correta e rápida do ato ou do pensamento começados. Mas é sempre o ato ou o pensamento que esta fórmula continua a exprimir, mesmo se momentaneamente ela os obstrui ou dificulta. Ela não persiste e não retorna senão por causa de uma insuficiência na formulação mental dos mesmos, que aliás se deve muitas vezes a um estado habitual de lentidão e debilidade psíquicas. À parte os casos de distração momentânea, ela é muitas vezes, com efeito, a consequência de uma insuficiente diferenciação entre a formulação mental e a formulação motora. No estágio projetivo, em que o pensamento não pode impor-se à consciência senão realizando-se pelo gesto e pela palavra, a perseveração é habitual. Ela é uma insistência na etapa já alcançada, quando a seguinte tarda a chegar; ela é uma incapacidade de libertar-se do gesto ou da palavra realizadora, para levar mais adiante a realização; ela denota o entorpecimento da ideação através da expressão concreta e a insuficiência das imagens elípticas ou dos sinais simbólicos; ela é o resultado de um pensamento ainda mal depurado de sua ganga sensório-motora. Mas em nenhum nível ou momento ela é a cópia de uma imagem através de um movimento. Ela seria antes o inverso: uma imagem ainda prisioneira do movimento.

Por "imitação de si mesmo", Stern entendia antes um mecanismo análogo ao da reação circular, que entra em jogo no estágio sensório-motor. O efeito sensorial produzido fortuitamente por um gesto acarreta a repetição deste gesto, que tende a reproduzi-lo em sua maior exatidão ou em sua maior pureza. É este o mecanismo pelo qual Baldwin pretendia explicar toda adaptação, tomando como tipo o mecanismo da acomodação sensorial: um movimento do olho produziu a formação de uma imagem sobre a retina, o olho refaz imediatamente esse movimento para reencontrar a mesma posição, e depois sua curvatura e o afastamento dos globos oculares se modificam até que, de uma imagem para a outra, seja obtida a maior nitidez. Assim ocorreria, ao longo de toda a vida mental, o ajustamento entre os movimentos e as imagens, entre as condutas e o real. Temos aqui algo que ultrapassa em muito a imitação e que não se assemelha absolutamente a ela, a menos que se suponha que formar uma imagem das coisas seja imitá-las.

Mas a reação circular pode ser tomada num sentido mais subjetivo e mais estritamente psicológico. Assim, ela dá lugar aos exercícios sensório-motores dos quais resulta o ajustamento gradual dos gestos ao efeito sensorial. Ao mesmo tempo acontece a identificação mais exata e mais sutil deste efeito entre os efeitos que outros gestos mais ou menos diversificados são capazes de produzir. Trata-se aqui de um aprendizado ao qual a criança de um a dois anos se entrega com verdadeira avidez e cuja importância funcional é decisiva. Mas será que esta ação recíproca entre gesto e sensação pode ser qualificada como imitação? Ela procura a harmonia entre gesto e sensação, não lhes propõe nenhum modelo, nem mesmo uma imagem que seja distinta de suas relações muitas vezes mutáveis. Pois o efeito procurado está longe de ser sempre o da simples repetição, da uniformidade. Muito pelo contrário, ele vai muitas vezes no sentido da diversidade, da modulação. A própria uniformidade, aliás, não significaria semelhança com certo modelo, nem desdobramento entre um tipo ideal e um exemplar atual.

O que está em causa na reação circular é a adequação dos gestos a uma situação quer subjetiva, quer externa; é a busca de certas coordenações, a realização de certas estruturas sensório-motoras. O futuro de uma dupla sensório-motora segue uma lei de desenvolvimento que a criança pode descobrir, inventar a cada instante, sem precisar propor-se um tema estranho. Basta que uma modificação do gesto desencadeie uma nova diferenciação e uma nova discriminação da sensibilidade e estas, por sua vez, desencadeiem sutilezas motoras maiores. Assim constitui-se o registro cada vez mais rico das relações sensitivo-motoras. Mas, longe de ser um efeito da imitação, ele não é utilizável de imediato pela imitação, cujos resultados começam por ser muito mais imperfeitos do que os resultados já constituídos da reação circular. A imitação exige outros aprendizados.

**

É preciso, portanto, atribuir à reação circular fatos muitas vezes descritos como imitação, e como imitação de outros e não de si mesmo, mas que são nitidamente distintos dela por seu mecanismo, apesar de certas semelhanças formais. Trata-se das reações em eco: ecocinesia, ecomimia, ecolalia. A vista de gestos ou a audição de sons leva, neste caso, aquele que os percebe a repeti-los imediata e literalmente. Mas é surpreendente que só os últimos – os sons – são reproduzidos, como se a percepção, enquanto se prolonga, impedisse de se realizarem os movimentos que corresponderiam aos momentos sucessivos da percepção. O resultado corresponde, portanto, exatamente à impressão causada por um eco, que repercute distintamente apenas os sons aos quais sucede um silêncio.

A respeito do fenômeno do eco contrapuseram-se já há muito tempo as interpretações de Wernicke e de Pick. Para um, trata-se de um fato psicomotor que tem o ponto de partida no córtex, ou seja, a repetição seria a repetição de uma imagem sensorial, que seria percebida e reconhecida pela consciência antes de acionar o aparelho motor. Para o outro, ao contrário, tratar-se-ia de uma reação subcortical, ou automática, que se exteriorizaria pelo fato de não ser inibida. Efetivamente, no adulto esta reação não acontece senão nos estados crepusculares, quando a consciência, que depende da atividade cortical, é completamente obnubilada. Ela se encontra então ao mesmo tempo que movimentos reflexos de proteção e de fuga, suscitados cada vez que um objeto novo aparece no campo visual. Temos aqui automatismos elementares que são liberados, também eles, pela anulação do controle cortical. Os atos em eco seriam movimentos que este controle, no estado normal, tornaria ínfimos e inapreciáveis, mas que corresponderiam a uma atividade latente cuja sede seria a esfera dos automatismos.

Certamente a tese de Pick harmoniza-se muito melhor com a observação clínica do que a de Wernicke. A ecopraxia supõe uma atividade amputada de seus motivos psíquicos, de sua regulação consciente; ela só é possível em estados de confusão mental que chegam até a um estupor intelectual total. Impõe-se, no entanto, uma distinção. Os automatismos habitualmente descritos consistem em reações orientadas para o mundo exterior. Já os automatismos de proteção e de fuga, que estão entre os mais subjetivos, aparecem como uma resposta a agentes estranhos e desembocam numa mudança nas relações entre o sujeito e aquilo que o cerca. Muito mais objetivos são, em sua maioria, os outros automatismos, que são as formas mais espontâneas e mais comuns da atividade em suas relações de todos os momentos com as coisas, as situações, as forças de que se compõe o meio onde é preciso mover-se. Com a ecopraxia acontece justamente o contrário. Ela não é centrífuga nem utilitária. Sua réplica às excitações é a reduplicação, o espelho destas. É para elas que ela se volta e não para uma modificação útil das relações com o meio social. A ecopraxia pertence mais ao circuito sensório-motor do que ao circuito dos automatismos.

Pouco importa aqui saber se a distinção de Pick entre as atividades corticais e subcorticais não é por demais absoluta. Mesmo se não há automatismos possíveis sem um certo acompanhamento de atividade cortical, é bem verdade que pode ser inverso o equilíbrio entre estes dois centros de atividade ao mesmo tempo conjugados e contrários, conforme o ato seja refletido, deliberado, exprimível em símbolos e imagens ou ligado às circunstâncias exteriores por simples execuções motoras. Quanto à ecopraxia, esta parece encontrar-se a meio caminho entre os dois centros, no sentido de que a percepção já não é apenas a ocasião, mas também o motivo da reação, enquanto que a reação, em vez de desenvolver-se em imagens do objeto, tende apenas para os movimentos capazes de reproduzi-la. Nada se parece mais com uma reação circular, com uma diferença: a percepção donde sai o gesto é produzida pelo gesto de outros em vez de ter sua origem no gesto do próprio sujeito.

Na evolução da criança a ecopraxia segue bem de perto seus exercícios sensório-motores. As repetições literais e imediatamente consecutivas das últimas sílabas pronunciadas pelas pessoas de seu meio social podem preceder de muito a capacidade da criança de utilizá-las como elementos da linguagem. Mais significativa ainda do que o intervalo de tempo é a maior inabilidade, a rusticidade, a pobreza dos sons quando a criança se exercita em compor palavras com eles. É que então os fonemas devem ser integrados em formas novas de atividade e na mesma medida reaprendidos. A ecolalia pertence tanto à palavra articulada quanto à imitação. É explicada bem melhor como uma consequência direta das conexões estabelecidas pela atividade circular entre a série perceptiva e a série motora. A passagem alternativa de uma série à outra acaba dando aos termos de cada série uma espécie de ambivalência; o movimento é tanto a sequência da percepção como seu antecedente. Chega um momento em que a ligação se tornou tão corriqueira e tão familiar que o ciclo pode ser iniciado pela percepção, mesmo se esta for de origem estranha. Está aqui a origem da capacidade atribuída às imagens ou às ideias de traduzir-se em movimentos. As "ideias-forças" não são um fato natural, são o resultado de um aprendizado.

A ecopraxia é uma atividade circular cujo circuito se abriu para impressões de fonte exterior. Ela é a simples repercussão destas impressões no aparelho sensório-motor. Não é a reprodução de uma imagem-modelo, mas sequência e como que epifenômeno. Longe de ser motivada por representações, ela supõe a supressão destas. Por falta de obnubilação mental, ela exige uma distração, um momento de ausência. Muitas vezes é apenas após a repetição que o sujeito se dá conta da impressão sofrida. Às vezes é até necessário o brusco sentimento de uma presença estranha para que ele saia do semissonho que o transformava em eco. Na criança o estágio-eco é bastante fugaz, porque é bastante curto o período em que ela permanece ligada às suas impressões sensoriais como tais. Uma vez que a reprodução o tornou facilmente identificável, o som não interessa mais por si mesmo. Serve apenas como indício ou como signo. É sobre o objeto cuja presença é revelada pelo som ou sobre a frase enunciada que recai instantaneamente o interesse. A fase funcional e lúdica do som é então suplantada pela fase das significações utilitárias e objetivas.

É a ecolalia que apresenta os exemplos mais evidentes e mais completos para estudar os fenômenos de eco. A orientação que ela dá à reação é manifestamente contrária àquela que a situação poderia exigir. Há duas maneiras de responder a uma ordem. Executá-la: é a reação centrífuga, apropriada às circunstâncias e que exige que ela seja compreendida. Repeti-la: é mostrar uma incompreensão que pode, em certos casos, ser um simples pretexto de recusa, mas que resulta habitualmente de uma distração ou da imbecilidade. Cada vez que a impressão é cortada de suas repercussões mentais e permanece isolada na esfera sensorial, produz-se seu equivalente motor, que lhe permaneceu estreitamente ligado, como aquilo que a especificou nitidamente à consciência durante o período sensório- motor. A ecolalia não ultrapassa a esfera sensorial. Ali as impressões sucessivas se desdobram em gestos, na medida em que a percepção, prosseguindo, não reprime as primeiras por outras mais recentes. Com isso, as últimas impressões são as únicas que podem exteriorizar-se em movimentos. Seu número é estritamente limitado por seu tempo de persistência na sensibilidade. Sem dúvida sua reprodução mostra, de maneira muitas vezes bem evidente, uma espécie de encadeamento melódico ou rítmico, que transforma num conjunto único estes termos adicionados. Mas esta unidade tem, por assim dizer, o alcance de uma medida num futuro sensório-motor. Ela é totalmente estranha à unidade de uma imagem ou de uma representação. A integração que ocorre entre os termos de um ato em eco é do gênero sensível e dinâmico, não é a integração de elementos que compõem a imagem de um modelo. A ecopraxia e a imitação desenrolam-se em dois planos distintos.

***

A imitação inscreve-se entre dois termos contrários: o primeiro é a fusão, alienação de si na coisa ou "participação" no objeto, e o segundo é o separar do modelo o ato a ser executado. Não resolvida, esta oposição explica a oposição entre as doutrinas sobre a importância da imitação na evolução psíquica e sobre sua própria natureza. De acordo com Guillaume[4], a imitação é incapaz de criar qualquer movimento novo. Ela é apenas uma ocasião de repetir os movimentos cujo aprendizado já foi feito, dando-lhes como motivo, como modelo, uma imagem visual ou auditiva. Ela implica, portanto, a existência ao mesmo tempo de gestos já formados e de imagens. A própria junção dos gestos e das imagens seria mais de ordem empírica do que resultado de conexões inéditas e de uma integração funcional. A imitação é um caso de ajustamento totalmente exterior entre elementos já constituídos. Não há motivo para falar, como alguns o fizeram, de imitação interior. "O que designa esta palavra, senão uma imitação estacionada em sua realização material por causa de uma complicação mental, de modo que ela supõe uma imitação primitiva real?" Atribuir à imitação ou-

---

4. GUILLAUME, P. *L'imitation chez l'enfant*. Paris: Alcan, 1925.

tros antecedentes que não gestos aparentes e suas ocasiões presentes é nada mais fazer do que "afogar suas origens na noção confusa de um instinto geral".

Com efeito, o fundamento que Groos, Lipps e Finnbogason dão a esta imitação interna permanece vago e hipotético. Segundo Groos, a criança começa por exteriorizar sobre objetos inanimados, por exemplo, sua boneca, a atividade que ela sente nela mesma, ou a atividade que poderia servir de complemento à sua. Esta projeção corresponderia à fase animista de suas representações. É uma concepção centrífuga do animismo que provém de um ponto de vista ultrapassado pela psicologia. Longe de ser ele próprio uma fonte imediata e primitiva de conhecimentos, da qual hauriria intuições aplicáveis à realidade exterior, o sujeito começa por ser confundido por sua sensibilidade com todo o ambiente que o cerca. É através de sua união com o ambiente que o sujeito começa não apenas a viver, mas também a experimentar sua vida, e é deste primeiro amálgama que ele deverá extrair aquilo que ele precisará adquirir para tomar consciência de seu eu e para contrapô-lo àquilo que, simultaneamente, lhe aparecerá como pertencente àquilo que não é ele mesmo. Mas esta divisão não se fará sem que ele deixe nas coisas um resíduo de suas impressões subjetivas e sem que ele as faça assim existir à sua imagem.

Num segundo tempo, de certa forma inverso ao primeiro, a criança retomaria a imagem dela que ela projetou nas coisas para melhor realizá-las em si mesma, usando seus movimentos, suas atitudes, seu próprio corpo como símbolos capazes de lhes dar uma espécie de presença efetiva. Com a ajuda de todo tipo de objetos, por exemplo de um bastão entre as pernas representando um cavalo ou de um boné de papel na cabeça, ela brinca de general. Ela finge ser uma locomotiva através dos gestos mecânicos dos braços, das pernas, através das expirações sonoras e ritmadas. Assim, a imitação seria a consequência de uma imagem subjetiva que teria feito um giro pela coisa imitada e ali teria haurido seus elementos plásticos.

Lipps também atribui à imitação uma origem subjetiva. Haveria na imitação uma tendência natural e instintiva a modelar-se pelos outros, a experimentar assim e a imaginar os sentimentos dos outros. Este colocar-se no outro, ou melhor, colocar o outro em si, que recebeu o nome de *Einfühlung*, teria como consequência automática as atitudes ou gestos que correspondem aos sentimentos, cada vez que estes não são inibidos por uma força contrária. Assim, o fato primitivo seria o movimento ligado à intuição íntima. A "imitação interior" não seria senão uma imitação efetiva, que poderia ser secundariamente amputada de seus efeitos aparentes. Não há nada aqui que possa servir para explicar a própria imitação. Quanto à *Einfühlung*, que daria à imitação seu motivo em vez de mostrar seu mecanismo, ela substitui a noção por assim dizer absoluta do instinto à procura das relações, entre o indivíduo e seu meio social, das quais poderiam ser deduzidos seu desejo, seus esforços, suas capacidades de imitação.

Esta teoria é, no entanto, aquela que Finnbogason retomou ampliando-lhe a aplicação. O objeto da imitação poderia ser não apenas seres vivos, mas também coisas inanimadas. Assim como a mão segue os contornos das coisas, cabe às atitudes mímicas ou plásticas do corpo todo desenhar-lhes a forma. Um espetáculo, qualquer que seja, mas vivo e cativante, parece anular em nós tudo quanto lhe é estanho. Há esquecimento de si e identificação com ele. Seus detalhes, suas peripécias tornam-se nossa sensibilidade, nossa vida. Os limites entre o eu e o não eu são como que apagados, o eu se transforma no objeto. Então tudo quanto pode ser experimentado ou realizado parece simbolizar com ele, e as reações motoras são aquelas que ele é capaz de acionar. Mas, nos leva a notar Guillaume, aquilo que daí resulta são gestos de acompanhamento ou de correção, como diante do equilibrista que vacila ou diante do orador rouco. Os movimentos do espectador não são a reprodução daqueles aos quais ele assiste; são antes aqueles que ele esperava ou que lhe parecem próprios para corrigir um erro, para retificar uma situação. A observação é correta, se se trata das reações imediatas. O excesso da atitude, com efeito, é o de uma acomodação perceptiva que açambarca todo o organismo. São posturas plásticas, uma mímica que leva à suspensão momentânea de toda outra manifestação motora. Interpretando, na esteira de Lipps, esta parada como uma atividade amputada de sua exteriorização, como um efeito consecutivo, Finnbogason inverte a ordem dos fatores.

Existe, com efeito, uma parte de verdade na descrição que estes autores fazem da imitação interna. Mas eles não conhecem outra alternativa senão o movimento e sua imagem. Ora, a imagem supõe antes dela o objeto. Ela sobrevive ao objeto como o vestígio que a presença deste deixou. Sucedendo ao movimento, ela não pode explicá-lo. Aquilo que o precede, que o prepara, é outra coisa, é a atitude ou a postura da qual a percepção também pode vir acompanhada. Absorver-se na contemplação de um espetáculo não é permanecer passivo. A excitação não permanece puramente cerebral. Ela se espalha nos músculos. Embora possam não executar nenhum movimento, os músculos são no entanto a sede de uma atividade às vezes sentida intensamente pelo sujeito, ainda que imperceptível para os outros. Esta impressão não é pura ilusão. O que leva a ela pode ser constatado, registrado. É uma contração dos músculos que não acarreta seu encolhimento, mas os mantém, ao contrário, em sua forma presente e lhes dá um grau variável de consistência, de resistência aos deslocamentos; é sua função tônica.

A fisiologia mostra que o tônus não é simples, que ele tem, conforme os centros dos quais recebe momentaneamente seu influxo, ora componentes ora formas diversas; e suas funções são igualmente diversas. Ele acompanha o movimento, dando-lhe o suporte necessário à sua progressão regular, à dosagem exata que as resistências encontradas podem exigir. Espalhado por todo o corpo, o tônus assegura o equilíbrio necessário à execução de cada gesto, realizando a atitude ora estável, ora móvel, que for adequada às diferentes fases do ato. Assim, ele não só é o sustentáculo do movimento que é efetuado, mas prepara-lhe a continuação, contém-no em potência, e este papel pode tornar-se exclusivo do próprio movimento. Então ele o substitui pela imobilidade, mas uma imobilidade às vezes cheia de tensões musculares, como é a imobilidade do animal à espreita, como pode ser a do corredor quando está para ser dado o sinal da largada. A velocidade, o vigor do gesto a ser feito estão neste instante em potência nos músculos endurecidos e retesados como molas; sua forma já está desenhada pela distribuição do tônus no aparelho muscular. A esta acomodação em vista do movimento combina-se a acomodação do aparelho perceptivo, que não está menos voltado para o objetivo ou para a presa, quer esta esteja presente ou apenas aguardada, pressentida e como que desenhada também ela na atitude do animal, junto dos gestos próprios para capturá-la. A função tônica pode assim fundir os dois polos sensorial e motor da atividade, dar-lhes uma mesma orientação expectante. Ela se torna ao mesmo tempo plástica e formigamento de energia. Ela imobiliza temporariamente o gesto, mas fomentando-o segundo todas as incitações perceptivas para as quais o sujeito está mais ou menos curiosa ou ardentemente voltado.

A fusão com o objeto diante de um espetáculo cativante, a *Einfühlung*, torna-se assim algo diferente de uma hipótese ou de um epifenômeno. É um estado combinado de sensibilidade e de movimento sob a forma da atitude, que tem precisamente o duplo caráter de ser, simultânea ou alternadamente, preparação ao ato e expectativa, pré-movimento e pré-percepção. Ora pode prevalecer uma das duas fases, ora a outra. Quando o animal se precipita sobre a presa, a excitação retorna ao meio para modificá-lo por um processo centrífugo, conforme as necessidades ou as intenções do sujeito. Quando ocorrem gestos de acompanhamento ou de correção, a ação se tornou simples participação; o drama permanece confinado ao domínio das atitudes e o sujeito não passa de um simples assistente, mas o movimento está sempre pronto a surgir, bastando que haja uma pequena discordância entre o gesto real, cuja iniciativa e execução são por assim dizer delegadas a outros, e as atitudes com as quais o sujeito os pontua e acompanha. Enfim, todo movimento aparente pode ser adiado, mas a atividade postural está longe de ser extinta e é dela que poderá surgir a imitação.

Tudo demonstra, com efeito, que a atenção prestada pela criança aos objetos e aos espetáculos que a interessam não somente não é passiva, mas não está perdida, por mais que demore a produzir seus efeitos. Quando assiste às coisas, a criança está em estado de impregnação perceptivo-motora. Assim como, segundo Conradi, nos pardais que aprendem o canto do canário vemos movimentos mudos da garganta enquanto o escutam, também a musculatura da criança está em trabalho durante todo o tempo em que ela olha ou se põe à escuta. Muitas vezes não passam de contrações imperceptíveis, mas que parecem ser ruminadas no intervalo das percepções e que por fim chegam a tentativas de reprodução mais ou menos tímidas, mais ou menos bem-sucedidas. O intervalo entre a impregnação e a reprodução pode ser de alguns minutos, de algumas horas, de vários dias ou de várias semanas. Mas, quanto mais longa for a fase de incubação, tanto melhor ela mostra a importância do aprendizado mudo que ocorreu entre as percepções iniciais e a aquisição do novo gesto.

A duração do aprendizado pode em certos casos ser observada e assinalada muito nitidamente. São dois ou três dias após ter estado no circo que a criança tentará fazer as cambalhotas do palhaço. Aos 2 anos, o filho de Preyer repete cantigas de ninar que ninguém na casa conhecia. Descobrem que ele as havia aprendido de uma empregada que fora embora há mais de três meses. Às vezes, é a diferença entre a imitação e as percepções atuais da criança que permite descobrir que elas são suplantadas por um modelo mais antigo. Grammont cita o exemplo de uma menininha na qual as palavras aparecem com uma desinência italiana, quando fazia seis semanas que sua governanta italiana a havia deixado. A impregnação não só antecede, mas pode ultrapassar amplamente a capacidade atual de reprodução. Stern constata que, bem cedo, o número de palavras compreendidas pela criança ultrapassa de longe o número das palavras que ela sabe repetir.

Em casos semelhantes a imitação, que é a imitação verdadeiramente inovadora, não pode ser uma imitação literal. Ela não é a cópia exata de um modelo, cuja imagem estaria atualmente presente ou aos olhos ou à mente. Ela antecede a representação. É um ajustamento dos gestos a um protótipo, que não é uma figura, mas uma necessidade latente, nascida de impressões muitas vezes múltiplas em sua origem e incorporadas no aparelho onde elas se insinuariam como o estimulante de um esboço incessantemente confirmado e incessantemente retificado. Sua resultante é única. Mas ainda não passa de uma capacidade concreta e latente, que só o ato, reproduzindo-se, revela a si mesmo. Ainda não é uma representação.

Sem esta relação inicial da percepção com o movimento, por intermédio da função tônica ou postural, seria inexplicável a passagem da impressão visual ou da impressão auditiva aos gestos correspondentes. Sem dúvida, postas assim em contato com o sistema motor, a impressão visual e a impressão auditiva podem encontrar as aquisições sensório-motoras da atividade circular. Mas sua utilização só pode ser relativa, pois o aprendizado dos movimentos imitados supõe conexões e um tipo de organização que prossegue num plano psicomotor mais elevado. Os movimentos só se tornaram possíveis após uma fase alternada de participação sensório-motora com outras pessoas e de elaboração posturo-gestual. Adquire assim seu significado concreto o desvio através dos outros da reação imitada, já intuído por Groos. A atividade lhe deve uma orientação nova. Em vez de estar voltada unicamente para o mundo exterior para modificar-lhe as relações, ela se torna uma modificação do próprio sujeito, cujas reações não são mais formadas apenas pelas necessidades do meio, mas também segundo modelos exteriores. A conversão que acontece é a conversão da atividade imediatamente utilitária em atividade especular.

***

A imitação não acontece antes da segunda metade do segundo ano de vida. Pois não é possível relacionar com a imitação nem os sorrisos que a criança troca com a mãe, nem seus murmúrios quando ela ouve alguém cantar, nem a repetição dos gestos ou dos sons que ela própria acaba de emitir quando são, além disso, reproduzidos diante dela. A estas reações, que aparecem entre os 3 e 4 meses, sucedem, por volta dos 6 ou 8 meses, gestos convencionais como bater as mãos, saudar, girar os pulsos para brincar de marionetes, bater nas têmporas, ameaçar com o dedo. Conforme a justa observação de Guillaume, trata-se aqui de simples respostas a um sinal habitual, obtidas por adestramento através de procedimentos diversos como movimentos passivos ou seleção entre os movimentos espontâneos da criança. Por esse mesmo tempo observam-se os gestos de acompanhamento, o mais das vezes ritmados, diante de um objeto balançado ou de um movimento alternado qualquer. Um pouco mais tarde, por volta dos 9 meses, começam as manifestações de ecocinesia.

Em seguida, decorre um tempo bastante longo antes de poderem ser assinalados fatos autênticos de imitação. Para Detaille, começa aos 2 anos de idade aquilo que ele chama de "imitação-cópia". Guillaume menciona desde a idade de 1 ano, quatro meses e 22 dias o fato de imitar, exagerando-a, a maneira de andar de um colega. Mas, segundo seus próprios exemplos, é preciso aguardar a idade de 22 meses para ver a criança reproduzir os movimentos de levantar os braços estendidos à altura do ombro, lateralmente ou para frente; de, permanecendo nesta posição, trazer os antebraços verticalmente ou levar as mãos aos ombros; de levantar a perna, com o joelho dobrado ou estendido; de inclinar o tronco para frente, para trás e para o lado; de vergar sobre as pernas colocando as mãos nos quadris; de mover a cabeça para a frente e depois para trás, para a direita e depois para a esquerda. Todos estes exercícios, executados logo na primeira vez ou depois de algumas tentativas, supõem um "esquema corporal" já muito complexo e bem balizado. Nesta idade, com efeito, os jogos sensório-motores da criança levaram-na a estabelecer as conexões mais amplas e mais variadas entre seus campos sensoriais ou *exteroceptivos* e posturais ou *proprioceptivos*. São conexões ativas, ou seja, que não se limitam à soma de relações justapostas, mas são o resultado de investigações versáteis e comportam, por conseguinte, certo grau de previsão ou de dedução. Explica-se, assim, a parte de intuição ou de invenção que o êxito destas novas imitações pode supor. Por volta da mesma idade, a criança queria pular ao ver seu irmão pular, mas ficava na posição inicial. Com 1 ano e 11 meses, ela copia seu andar cômico com a barriga projetada para a frente, ou ainda a atitude de uma pessoa sentada com as pernas cruzadas uma sobre a outra, ou o gesto de uma criança que põe o polegar na boca e a outra mão no ouvido. Agora, com um bom domínio do próprio corpo e de seus movimentos, a criança se compraz em fazer dele o instrumento daquilo que ela vê realizar perto dela.

Em seguida, é preciso esperar até os 3 ou 4 anos para ocorrer uma outra forma de imitação, aquela que Detaille chama de "imitação fantasista" (imitação dramática dos americanos). Nesta idade[5] ela coincide com

---

5. Cf. WALLON, H. *Les origines du caractère chez l'enfant*. Parte III. Paris: PUF, cap. VI.

a "crise de personalidade". Na medida em que sente a necessidade de afirmar-se a si mesma, a criança se interessa pelas outras pessoas como tais; ela manifesta isto imitando-as, o que é ao mesmo tempo procurar conhecê-las melhor e tentar roubar-lhes suas vantagens.

Integrando-se ao comportamento, a imitação recebe dele a marca e já não é senão um de seus meios. Assim, a partir dos 6 anos, a imitação se torna *racional* e *refletida*. Os interesses diferidos substituem-se gradualmente aos interesses imediatos. A criança imita para conquistar a afeição, para obter uma recompensa ou um gesto de afeição. A imitação torna-se mais uma marca do que uma reação imediata de simpatia.

A distinção entre a imitação por própria iniciativa e a imitação motivada é a que Koffka considera capital. Ele chama uma de espontânea e a outra de inteligente. Na primeira, o sujeito parece apagar-se diante do modelo que age nele. Mas o modelo se confunde com o ato imitativo, ou pelo menos não pode ser-lhe contraposto, como um objeto exterior de que seria necessário a criança fornecer a réplica. O próprio modelo é íntimo. É o que o leva a realizar-se efetivamente, em vista de completar-se e restabelecer a harmonia no aparelho psicomotor onde ele surgiu sob a forma de percepção. Com efeito, segundo a *Gestalttheorie*, ou teoria da forma, na qual se inspira Koffka, toda realidade e toda ação consistem em estruturas, ou seja, compõem-se de conjuntos organizados dos quais os detalhes ou os elementos recebem seu sentido e sua definição, longe de determinar a natureza do conjunto por suas qualidades próprias. Cada estrutura é uma certa lei de organização que pode e deve estender-se a domínios diferentes. Uma estrutura perceptiva pode e deve ter seus equivalentes motores, ou melhor, os elementos motores que ela implica exigem ser incorporados, eles próprios, numa estrutura semelhante, mas feita de movimentos. Toda percepção tende assim a realizar-se no plano motor. A imitação espontânea é a coincidência que acontece entre uma estrutura perceptiva e a estrutura motora que lhe corresponde; é um modelo sensível passando por si próprio ao estado de movimento.

Unidade cuja organização é muito superior à simples sucessão de elementos traduzidos pela atividade em eco, a estrutura que corresponde à imitação espontânea não implica ainda outras relações senão as relações intrínsecas das quais resulta a passagem da percepção ao movimento. Entre percepção e movimento há muito menos dualismo do que complemento recíproco e equilíbrio. O modelo perceptivo não se opõe ao movimento como um objetivo ou uma norma exteriores, mesmo que a harmonia com a estrutura percebida não se realize de imediato e ele deva procurar a sua estrutura através de alguns tateamentos. Estas hesitações podem prenunciar já a disjunção entre aquilo que deve ser e aquilo que pode ser, mas esta disjunção ainda não é senão uma necessidade que procura concretizar-se, um resultado que se obtém através de uma matéria rebelde, uma forma que ordena seus elementos. Despojada de seus postulados teóricos, esta constatação de um modelo intimamente unido ao ato que o exprime encontra sua explicação natural na participação perceptivo-postural do ser vivo nas coisas, quando sua atividade não pode traduzir-se imediatamente em gestos modificadores do meio.

Na imitação inteligente o modelo, em vez de impor-se, deixa-se escolher. É o "querer imitar" ou "dever" imitar que se sobrepõe ao "poder imitar". Os motivos do ato tornam-se estranhos ao próprio ato. Podem ser comparados com ele e tendem, por conseguinte, a estabelecer distinção entre o ato, cuja execução ou não execução é lícito decidir, e o modelo que é posto em discussão. Tende a ser feita, portanto, uma distinção entre aquilo que é percebido, imaginado ou querido, e aquilo que é efetuado. Ao plano da pura ação poder-se-á contrapor o plano da representação. Ao mesmo tempo, o sujeito se perceberá mais a si próprio como distinto de seus atos e de suas representações. Desde que ele contrapõe a si próprio o modelo como algo a imitar ou a não imitar, é preciso que o sentimento de sua própria pessoa prevaleça momentaneamente sobre o ato pretendido. Esta identificação distinta de seus atos, de suas representações e de si mesmo supõe que o sujeito identifica correlativamente a pessoa do outro, da qual ele deriva modelos e da qual se torna rival. Assim, a imitação participa das etapas da evolução psíquica, quer ela sofra a lei da evolução, quer contribua para seu progresso.

***

A passagem decisiva para o futuro intelectual da criança, como aconteceu para a espécie, é aquela que a toma em sua fusão com a situação ou com o objeto através de suas constelações perceptivo-motoras ou de sua plasticidade perceptivo-postural e a leva ao momento em que ela pode dar-lhes um equivalente feito de imagens, de símbolos, de proposições, ou seja, de partes articuladas no tempo e que aos poucos podem ser decompostas melhor em seus elementos individuais. Colocada entre sua participação no modelo e a cópia que ela acaba por contrapor-lhe, a imitação é feita exatamente para mostrar as formas e as condições deste desdobramento.

No início é sem dúvida em relação ao outro que este desdobramento tende a efetuar-se. É aqui que a criança, dominada desde suas primeiras impressões por suas relações com as pessoas que a cercam, realiza suas primeiras escolhas. Passado o período da imitação automática ou espontânea, sua imitação não se dirige indistintamente a todas as pessoas, mas àquelas que, por um motivo qualquer, mais lhe causam impressão. Originalmente, trata-se de um desejo mais ou menos total de unir-se a elas por uma espécie de participação efetiva. Freud mostrou muito bem o sentimento de ambivalência que pode inspirar este desejo. O canibalismo daria uma imagem disto: absorver o objeto amado ou admirado, assim como analogicamente a mãe devora seu bebê com beijos e mordiscos; aniquilá-lo dessa forma, sacrificando-o a si. Inversamente, absorver-se também nele de alguma maneira, em vista de uma assimilação mais íntima, até renunciar-se a si mesmo e anular-se. As duas tendências podem permanecer frente a frente, estimular-se, eclipsar-se mutuamente, suceder-se. Assim acontece na criança.

Este drama é aquilo que Freud simbolizou pelo complexo de Édipo. Parece que seu alcance deve ser generalizado para melhor corresponder à realidade. Sua significação está longe de ser sempre ou exclusivamente sexual, e o objeto não precisa ser necessariamente o pai. Sem ser amorosa, a competição pode, no entanto, associar tendências assimilativas e homicidas, como o faz o ciúme, que é inseparável de uma confusão de si mesmo com o outro na imagem da fruição, ao mesmo tempo que parece necessária a aniquilação do rival para atribuir-se exclusivamente a si a fruição[6]. Segundo Freud, a criança começaria por querer disputar a mãe ao pai, desejando vê-lo desaparecer. Em seguida, com a ajuda do remorso, ela o tomaria como objeto de sua admiração e como modelo a imitar.

Na verdade, a ordem é inversa. Acontece que aqueles para os quais a criança se volta, e que podem não ser o pai, mas pessoas em relação às quais o apego dela à mãe não é suscetível de inspirar-lhe qualquer sentimento de rivalidade, podem cativar seu interesse por razões diversas: boa aparência, sinais de solicitude, de autoridade ou galanteios e trejeitos para com a própria criança, atenção ou consideração de que eles são objeto. O prestígio que a criança lhes atribui leva-a a uma necessidade de aproximação e de semelhança que encontra na imitação seu meio essencial. Mas este desejo de assimilação aos outros é habitualmente inseparável da inveja, quer haja um sentimento de fracasso, ou se manifeste uma vontade de conquistar a preferência, ou

---

6. Cf. WALLON, H. *Les origines du caractère chez l'enfant.*

enfim a imitação tenda a substituir o eu ao modelo para chegar à sua autorrealização plena. A fusão inicialmente imaginária quer tornar-se real. Mas a fusão real acarreta a oposição com a pessoa real que é o modelo.

 Esta mudança não é exclusiva da criança. Vemos sujeitos que começaram por uma devoção completa à vida e ao destino de outra pessoa, que foram capazes de sacrificar-se pondo sua alegria de viver no estar à sombra dessa pessoa ou em receber apenas os reflexos de sua glória, e que um dia se voltam contra ela como adversários irredutíveis. Tudo quanto haviam acumulado em si mesmos dessa pessoa alimenta bruscamente tudo quanto desejam tornar-se eles próprios. A personalidade do outro lentamente interiorizada e o veemente desejo deles, nascido em surdina, de impor seu próprio eu fazem com que o simples pensar no outro se lhes torne intolerável e impossibilite qualquer coexistência. A oposição é das que não admitem compromisso. O discípulo ou o fiel não podem mais suportar nem sequer a imagem do mestre ou do chefe. Uma fidelidade absoluta corre o risco de transformar-se em veemente desejo de supressão. Na criança esta evolução não tem a mesma intransigência sistemática, pois suas impressões são instáveis e múltiplas; mas leva-a, de maneira semelhante, a adotar os modos das pessoas que a cercam para contrapor-lhes em seguida seu próprio eu, tomando assim consciência de si mesma através dos outros. É querendo ser semelhante ao modelo que a criança se contrapõe à pessoa e deve justamente acabar distinguindo-se também do modelo.

***

A semelhança é uma noção que acrescenta à distinção entre o eu e o outro a distinção entre os objetos sobre os quais recai o julgamento de semelhança. Também ela precisa se libertar de um confusionismo inicial. Claparède coloca a semelhança na origem da imitação, explicando esta por um *instinto de conformidade* que impeliria os indivíduos a assemelhar-se entre si. Esta necessidade de conformismo, bastante próxima, ao que parece, do instinto gregário, já faz, no entanto, uma distinção maior entre os indivíduos e seu conjunto, do qual cada um deles sofre o exemplo. Entre a conformidade e o sentimento de semelhança existe, por sua vez, um intervalo. E é precisamente a imitação que leva a superá-lo.

Invocar o instinto é renunciar a uma explicação. A conformidade é certa acomodação mútua que é possível constatar já no animal. Dois cães que vivem juntos tornam-se como que complementares um do outro. Não apenas seus hábitos são comuns a ambos, mas eles podem repartir entre si os papéis e esta partilha é uma participação de cada um na ação do outro. Prova disto é o fato de um incorporar bruscamente os comportamentos do outro, se vier a ficar privado do companheiro. Uma pequena cadela tinha o costume de pontuar com breves latidos irregulares os uivos vocalizados de um cão com o qual ela convivia constantemente. Quando este desapareceu, ela fez durante algum tempo tentativas de vocalise, embora pouco dotada para este gênero de sons. Numa ação a dois ou a vários, é a intuição da totalidade da ação que realiza a harmonia dos parceiros. Se a função de liderança fica vaga, ela encontra para ocupá-la um dos que desempenhavam um simples papel de ajudante. Assim, o assistente do cirurgião aprende a substituí-lo eventualmente, embora não executando senão os gestos acessórios da operação. Uma semelhança qualquer dos gestos na colaboração tornaria a conformidade, em vez de latente, totalmente explícita.

Deste ajustamento necessário das atividades ou dos comportamentos entre si acabará por desprender-se a noção de conveniência recíproca ou de semelhança, mas ele está longe de implicá-la e é constatado bem antes de ela se manifestar. Apenas aos 3 anos, na idade da crise muito importante em que se afirma o sentimento de sua personalidade, é que a criança começa a fazer gestos cuja finalidade é indicar uma semelhança. Aos 3 anos e 15 dias, falando de uma laranja grande, ela infla as bochechas para dar a ideia do tamanho. Aos 3 anos e 2 meses, ela imita, com um movimento da mão, o movimento vertical dos cavalinhos de carrossel. Um pouco mais tarde, seu gesto exprime a rotação do carrossel. Aqui já não há simples movimentos de acompanhamento, mas gestos descritivos na ausência da coisa. Indicar uma semelhança e reconhecê-la são duas coisas distintas. A partir do segundo ano de idade a criança reconhece numa imagem ou numa foto as pessoas ou os objetos. Por mais difícil que tenha sido considerada a interpretação de uma perspectiva projetada sobre um plano, é um fato que ela é muito precoce na criança e é observada também em certos animais como o macaco. Pura questão de aptidão perceptiva: o reconhecimento é tão direto como o seria diante da própria realidade.

Totalmente diferente é a operação quando se trata de indicar ou de imaginar uma semelhança. Desde a idade de 15 ou 20 meses, a criança é capaz de rabiscar com um lápis traços visíveis sobre um papel. Mas é apenas a partir dos 3 anos que ela apresenta seus rabiscos, aliás, de qualquer tipo, como imagem de um animal ou de um homem. Assim é bem efetuada a distinção entre a coisa e aquilo que supostamente a representa ou a ela se assemelha.

Esta figuração parece supor muito bem a existência prévia da representação. Mas está longe de realizar todas as suas condições. As relações entre a imagem e o objeto passam por um progresso que é lento. A criança contenta-se com pouco. Circunstâncias das quais resultem uma concomitância ou afinidades quaisquer podem, para ela, fazer as vezes de semelhança autêntica. A sucessão ou a simultaneidade de suas impressões concretas prevalecem por longo tempo sobre sua capacidade de selecioná-las com o objetivo de reduzi-las a seu tipo perceptivo ou ideal. O emblema, muitas vezes sem analogia considerável com o objeto, precede a necessidade de imagem fiel. A representação é o fruto de um trabalho, do qual a imitação pode ser considerada o prelúdio e também o antagonista.

Se a imitação se distingue da ecopraxia, é porque em sua fase perceptiva ela é, ao mesmo tempo que acomodação plástica ao objeto, resistência provisória ao movimento. Já não é mais a simples evocação sucessiva de certos gestos pela impressão correspondente; é um registrar a cena em sua totalidade, de tal forma que sua reprodução seja a reprodução do ato inteiro e não de alguns termos que não têm outra ligação mútua senão a ordem na qual foram percebidos. Quando um período de incubação precede a reprodução, a imitação se aproxima da representação primeiramente pelo fato de ela, manifestando-se muito depois do espetáculo original, exigir um modelo interno tornado completamente independente das próprias influências donde ela procede e, em seguida, pelo fato de ela não ter podido realizar-se de outra forma senão pela constituição interna e latente de impressões diversas e muitas vezes dispersas no tempo, pela redução delas a uma espécie de resultante única.

Do mesmo modo, todo ato de representação ou de concepção deve, em si mesmo, ser simples e de apreensão imediata. Toda imagem, toda ideia consistem em fundir na simplicidade de um momento único da consciência um conteúdo múltiplo de impressões. Todo pensamento é um sistema no qual acontece que uma diversidade amorfa de experiências toma forma e unidade para a consciência. Imagem ou ideia, seja qual for a complexidade das realidades e das demonstrações que lhes correspondem, nada mais são do que o sistema simplificado no qual a consciência as capta em bloco, no instantâneo, no imediato do momento atual. Também no plano intelectual, Descartes pensava que os raciocínios discursivos, pelos quais é necessário que passe nossa mente em busca da verdade, não podem dar um sentimento direto e irresistível dela, a menos que sejam repetidos suficientemente para que seus termos sucessivos acabem reabsorvendo-se entre si e finalmente identificando-se numa fórmula, na qual a mente possa compreendê-los ao mesmo tempo no instante em que ela a representa para si. Assim, a intuição mental, da qual resulta uma representação ora concreta ora abstrata das coisas, reúne aquilo que estava disperso, faz com ele um inventário mais ou menos tosco de desenvolvimentos virtuais, mas único e simples. É exatamente o que acontece com a imitação na fase do registrar. As cenas que captaram o interesse da criança são reabsorvidas numa capacidade ou numa necessidade de reproduzi-las, que reduzem à simplicidade a multiplicidade de seus detalhes ou de suas repetições.

Entre a imitação e a representação existe, no entanto, uma diferença: a pura representação integra a experiência difusa numa fórmula que parece impor-se à consciência como definitiva e completa no próprio instante em que ela ali acontece, ao passo que a imitação se realiza somente no tempo e por uma sucessão de atos na qual deve reproduzir-se a sucessão percebida. O resultado do registrar que desemboca na imitação é uma fórmula global, dinâmica, um ato em potência que não tem outra maneira de manifestar-se senão desenrolar-se no tempo. A representação é uma fórmula estática, bem delimitada, e que parece bastar-se mais ou menos a si mesma no momento em que ela é pensada. No entanto, para a imitação, o retorno à sucessão não é tão simples como poderia parecer, e a representação não escapa tanto quanto parece à necessidade de retornar ao sucessivo.

O que mais contrapõe a imitação e a representação é sua concorrência, que as torna mais ou menos excludentes uma da outra. A imitação é muito mais imediata na criança do que no adulto e muito mais frequente nos adultos de inteligência débil e cujos meios de representação, de imaginação e de invenção, cujas aptidões a descobrir novas relações são débeis, do que no homem cuja vida intelectual oferece às impressões registradas amplas possibilidades de desenvolver-se e transformar-se. Por não poder empregar-se em puras operações mentais, a excitação ligada às impressões volta-se para os gestos. Ela se resolve seja imediatamente, seja após um certo tempo, em reações exteriores e solucionadoras. Na criança, cujas capacidades de inibição são fracas, atos elementares efetuam-se facilmente às custas de operações adiadas e complexas. É assim que a própria imitação tem seus graus: ou imediata e fragmentária, ou reunindo e organizando elementos de uma conduta com muitas peripécias, no decurso de uma incubação prolongada.

***

A integração, que reduz impressões ou momentos distintos à simplicidade de um protótipo dinâmico ou de uma imagem, levanta um último problema: o do movimento inverso, do retorno à duração, ao sucessivo. À primeira vista, este problema parece não causar dificuldade à imitação, na qual parece que a ordem dos gestos está implicada em seu esquema registrado, e nem sequer existir para a representação, que é a fórmula terminal em que foram inseridos e delimitados os aspectos do objeto. Na verdade, ele obriga nos dois casos, embora em graus diversos, a remontar a um nível de atividade que ultrapassa a simples aparência material dos gestos efetuados.

Na medida em que existe modelo existe um conjunto, ou seja, alguma coisa de organizado e em si indivisível. A ligação recíproca das partes e sua ligação com o todo tornam difícil encontrar aquela que iniciará a sucessão correta das outras. Os atos reflexos ou automáticos desenvolvem-se na ordem dos estímulos, quer exógenos quer endógenos, que os comandam. O ato de imitação corresponde a uma impressão global que deve ser detalhada em seus termos sucessivos. As primeiras tentativas, cujos fracassos podem prolongar o período de incubação, mostram como que uma implicação mútua entre os gestos a executar, que dificulta sua exteriorização no espaço e no tempo. Estes gestos atravancam-se uns aos outros, em vez de progredir por etapas. Podem bloquear-se mutuamente, misturar-se ou ainda esboçar inversões extravagantes. O bom êxito de uma imitação não se obtém senão no momento em que o ato se torna capaz de resolver-se em frações provisórias, e de articular-se em gestos que tenham cada um sua topografia e seu momento, sem deixar esquecer em curso de realização sua totalidade nem seu devir. Algumas vezes esta redistribuição espacial e temporal em função do conjunto é impossível. É o que se observa na apraxia. A criança começa por ser apráxica, tanto quando ela imita como em seus atos intencionais e de fonte intelectual.

A imitação mais literal, a de um modelo copiado fielmente, não escapa a esta dificuldade. Ao invés de atos a reproduzir através de seus próprios gestos, a tarefa pode ser a de moldar um objeto conforme outro objeto. De subjetiva, a imitação se torna então objetiva. Pode parecer que a conformidade com o modelo é de realização muito mais elementar quando a comparação pode justapor-lhe a cópia no mesmo campo sensorial. Na realidade, todo trabalho de comparação exige um desdobramento que faz dela uma operação já complexa. O esforço deve dividir-se entre a execução e o controle. Quanto mais o modelo permanece exterior, tanto mais é necessária, para assegurar a harmonia, uma imaginação capaz de extensão, de tenacidade, de autonomia. Não há transcrição, por mais mecânica que pareça, que não exija uma transposição mental, uma passagem contínua do exemplo ao exemplar, por meio de esquemas nos quais o detalhe atual seja incessantemente confrontado com o todo. A exatidão radical, traço por traço, não chegaria senão ao informe e ao incoerente. Aquele que quisesse reproduzir um desenho partindo de uma extremidade em direção à outra teria ainda que delimitar cada segmento e cada elemento de segmento em relação às partes contíguas e optar entre os detalhes que se sobrepõem de uma para a outra. Ele precisaria abster-se continuamente de transgredir sua progressão sistemática, como o gesto ou o detalhe que está para ser concluído poderiam incitá-lo a fazer. Pouco a pouco, o conjunto todo é que controla e regula a execução das partes.

Assim, o ato visível tem como guia uma capacidade de intuição, de previsão e de distribuição que contrapõe ao espaço empírico do gesto o meio ideal onde surgem com contornos nítidos as relações a realizar.

Sem dúvida não se trata de fragmentar numa série de imagens a atividade em devir. Esta é uma transformação contínua de estruturas, que tendem a unir e a unificar a impressão do modelo e a da cópia. A operação é complexa e como que bipolar. Exige que o sujeito saiba subordinar sua atividade sensório-motora a formas desprovidas de realidade sensível. A representação está ali em potência.

A discordância mais ou menos prolongada, e sentida, entre a intenção e seus efeitos pode ajudá-la a se libertar. De início é simples desacordo entre tentativas e erros, informulável, íntimo, mas que tende gradualmente a dissociar dois termos: a matéria rebelde do objeto ou dos gestos a executar e o limite que os atrai, que os faz transformar-se em vista do modelo a realizar. Este limite, germe de representação, contrapõe-se às diferentes tentativas como aquilo que é perfeito, estável, definitivo se contrapõe ao indefinido, ao inatingível, ao informe. Com o limite desponta a objetividade. Se, com efeito, o pensamento da criança permanece por tanto tempo dominado por suas impressões sucessivas, se é essencialmente concreto e sincrético, ou seja, incapaz de analisar-se, de diferenciar as relações que existem entre as coisas, é por não poder distribuí-las entre si de forma diferente de como ocorrem em cada experiência particular, por não saber formar com elas imagens distintas e diversamente combináveis, por não ter um campo de representações onde fazê-las evoluir.

Assim, cada representação, termo para onde tendem e onde se integram impressões correspondentes, não é um termo isolável nem definitivo. A representação individual não é delimitada senão por suas relações com o conjunto das representações, ela não se desenvolve senão por comparação e por oposição. Estagnada e inerte, ela se torna confusa, inadaptada às exigências da ação ou do pensamento, infecunda, inútil. A patologia realiza estados de anideação sem déficit intelectual, nos quais a ideia não pode se desenvolver nem se renovar. A incapacidade daí resultante mostra como um pensamento normal deve poder ser detalhado, analisado, tornar-se discursivo para subsistir e ser utilizado. A ordem do pensamento não é dada pelos acontecimentos. Deve ser realizada mentalmente. Não se trata de estados sucedendo-se na consciência como acontece num filme, mas de uma ordem abstrata sobrepondo-se à sucessão empírica e da qual a mente deve dispor contra as contingências.

Mas estas relações das representações entre si não são possíveis senão por seu retorno na duração. E surgem dificuldades semelhantes às da imitação. É a mesma implicação mútua dos termos que deveriam se suceder, a mesma incapacidade não somente de encontrar a ordem na qual colocá-los, mas de separá-los uns dos outros, de dissociá-los entre si. A imagem sensível não é o único elemento constituinte da representação; ela se conclui na representação recebendo ali uma denominação que a classifica entre as outras imagens e lhe confere seu significado objetivo. Já foi dito que ela é o primeiro degrau do símbolo, mas é porque ela tende já para a linguagem, o instrumento mais bem sistematizado e mais expedito do pensamento, que maneja não as coisas, mas os símbolos, ou que maneja as coisas por meio dos símbolos.

É por meio da linguagem que as representações podem desenvolver suas relações e entrar na duração. Ora, a dificuldade da linguagem na criança e no afásico, que perde seu uso, é ser detalhada no tempo. A realidade linguística é a frase, não a palavra, que não existe senão por decomposição da frase. Um semianalfabeto sabe muito mal recortar em palavras a frase que ele escreve: junta diversas palavras numa só e, inversamente, corta uma mesma palavra em duas. Segundo uma observação de O.F. Cook, os golas da Libéria[7] não sabem que falam em palavras dotadas cada uma de um sentido constante em suas diferentes combinações: sendo que para a consciência a unidade é a frase, cada uma das combinações lhes parece cada vez exatamente adaptada ao original. No entanto, a criança no início não fala senão por palavras, que são, na verdade, palavras-frases. E a estrutura de suas primeiras palavras é das mais rudimentares. Geralmente é a mesma sílaba reduplicada. A intenção que ela gostaria de exprimir não chega a desenvolver-se em termos sucessivos. O momento em que ela chega a juntar duas palavras é considerado por Oscar Bloch uma etapa essencial. A partir dali, ela não tarda a saber construir proposições com termos múltiplos. Ao mesmo tempo, ela se torna capaz de captar as relações entre suas representações e, por intermédio destas, entre as coisas.

---

7. Apud por Lévy-Bruhl.

Embora a imitação e a representação se desenvolvam em dois planos distintos, uma no plano motor e a outra no plano das imagens e dos símbolos, e embora sejam assim chamadas a entrar em conflito, elas têm no entanto condições comuns que se ligam à sua comunidade de origem e à semelhança de seu papel. Ambas se desenvolvem, em oposição às reações modificadoras do meio que são a sequência direta das excitações exteriores e dos desejos, como uma aptidão plástica a moldar-se a si mesmo segundo o modelo das coisas. Esta é sua fase essencial. Os gestos ou os símbolos que seguem são certamente um retorno ao mundo exterior e ao movimento, mas derivam dela seu significado. Ambas são a redução de impressões mais ou menos esparsas a uma espécie de fórmula única e como que intemporal. A ambas incumbe resolver em seguida esta intuição global em termos sucessivos. Estas analogias não são apenas formais; elas implicam certas relações de ação recíproca.

3

Ritos e representação

A análise funcional das relações entre a imitação e a representação pode encontrar sua ilustração em práticas vigentes entre os tipos de civilização mais antigos de que temos conhecimento. Já então a representação aspira a modificar ou a dirigir o curso das coisas. Mas seu domínio é ainda por demais restrito para que ela possa derivar daí técnicas apropriadas. Portanto, é também para o gesto imitativo que ela se volta, para nele encontrar ao mesmo tempo seus meios de ação e o acompanhamento concreto, que permanece indispensável para ela tomar pé definitivamente na conduta dos indivíduos.

Os mitos, de que a vida e a atividade dos primitivos estão impregnadas, correspondem a práticas que são um esforço deliberado do homem para reprimir as forças da natureza. Suas técnicas são um ritual transmitido pelos anciãos de geração em geração. Este ritual nada mais é do que um conjunto de imitações e de simulacros consagrados pela tradição e estilizados pela religião.

Tomemos, por exemplo, o ancestral totêmico, na maioria das vezes um animal, que supostamente exerce uma ação constante sobre a vida do clã e sobre a dos indivíduos que constituem sua posteridade. Para simular sua presença e sua influência, o meio usado é exatamente o mesmo que a criança usa diante das pessoas com as quais ela tenta identificar-se por imitação. "Vemos ali – diz Lévy-Bruhl – o ancestral, representado pelos atores sob sua dupla forma de animal e de homem. Seus trajes (quando eles têm algum especial), seus ornamentos, suas danças e sobretudo sua interpretação lembram o comportamento do animal. Eles imitam seus movimentos familiares, enquanto o coro recita e canta os motivos essenciais do mito. Os movimentos do animal são reproduzidos com a fidelidade que só um negro é capaz de atingir". Muitas vezes a pele do animal e uma máscara completam a semelhança e, por conseguinte, a participação. Às vezes a máscara tem uma janelinha, de maneira a mostrar por instantes o homem sob o animal, ou seja, sua unidade de vida sob dois aspectos diferentes, ou melhor, a reunificação daquilo que já está desdobrado: o ser em sua realidade sensível e a imagem da força que sustenta sua existência.

Nada melhor que a disposição desta máscara poderia servir de símbolo para o papel de intermediário desempenhado pela imitação, para dar ao objeto um duplo que lhe seja idêntico, mas diferente. É o paradoxo e a contradição, ainda sentidos e tornados manifestos, entre o objeto e sua representação. Embora considerando objeto e representação como fundamentalmente uma coisa só, é preciso evitar confundi-los, sob pena de recair no domínio empírico dos puros efeitos sem causa, dos seres anônimos sem protótipo, da simples vivência sem princípio classificador. O realismo ritual mais estrito e mais elementar deve deixar algum lugar à ficção, se quiser salvaguardar aquilo que é o postulado do rito: distinguir daquilo que é aquilo que o faz ser, aquilo que é preciso invocar para manter-lhe ou desenvolver-lhe a existência. A ficção é um procedimento indispensável do pensamento, desde que tenda a se libertar da percepção bruta. As ilusões do jogo na criança têm como contrapartida exata o sentimento e o desejo contínuos da ficção, como notou Janet com toda razão. Se ela apresenta um pedaço de papel como um prato suculento, a própria distância entre os dois objetos é um estimulante de seu prazer. Seus brinquedos preferidos são muitas vezes os mais toscos, aqueles para os quais as condições do real deixam de dominá-la às custas de suas veleidades imaginativas. É o modelo interior que prevalece sobre os dados dos sentidos, é a representação que se impõe e que quer em seus inícios situações nítidas para conhecer melhor a extensão de seu poder.

A imitação ritual nem sempre é imitação de uma pessoa, de um animal ou das cenas que pertencem a seu comportamento, mas também imitação de situações desejáveis e das circunstâncias que a elas se ligam. "É preciso acabar com a seca. [...] A operação consiste essencialmente em imitar aquilo que acontece quando chove. Enche-se um buraco com água, rãs coaxam, patos e outras aves agitam as asas e soltam gritos; as mulheres se defendem o melhor que podem contra o aguaceiro que as molha (o pó brilhante que os homens jogam sobre elas). [...] Do mesmo modo, em certos dias, nagas do nordeste da fronteira da Índia descem a vereda que começa em seus arrozais, a passos lentos, costas dobradas, como se vergassem sob o fardo da colheita. [...] Imitando o modo de andar que terão se a colheita for boa, eles a persuadem a sê-lo, eles obtêm que ela o seja". A figuração imitativa quer aqui forçar o efeito a realizar a previsão, o desejo. A representação que ela exprime confunde-se ainda com o desejo ou a vontade e não renunciará à sua força mágica senão no momento em que ela própria souber desenvolver-se em princípios positivos de ação.

A imitação pode também operar em sentido inverso, ou seja, a ação é real, mas recebe a aparência de uma imitação, a fim de que o personagem imitado exerça sobre ela uma ação favorável. Por exemplo, o feliz êxito de uma navegação parece ligado à navegação legendária que a imitação pretensamente repete. A navegação legendária é o modelo tutelar das navegações atuais. O piloto veste o traje do herói, assume sua atitude, reproduz seu comportamento. "Imitando-o assim, ele participa do herói tão intimamente que já não se distingue dele". Consagrar assim sua conduta a um exemplo heroico ou divino só se faz hoje em dia numa intenção moral, e o imitador sabe muito bem que não pode comungar com seu modelo senão a uma distância muito grande. Operou-se, portanto, uma nova dissociação entre a representação como tal e os poderes que lhe eram atribuídos inicialmente. Depois, porém, a representação nunca mais fará outra coisa senão delegá-los a seus próprios prolongamentos, ou seja, aos modos operatórios nos quais é ela que torna possível formular as experiências passadas.

Preludiando embora a representação, a imitação pode também ser-lhe contrária[8]. A ilustração fornecida pelo exemplo dos primitivos é de grande relevo também neste caso: "A razão essencial de ser da cerimônia e da dança – diz Lévy-Bruhl –, tanto para os que a celebram como para os que a assistem, é a comunhão, a fusão mística que os identifica então, conforme os casos, com o ancestral mítico ou totêmico, homem-animal ou homem-planta, ou com os 'gênios' das espécies animais e vegetais. [...] Pelo fato de, em seus movimentos e gestos, imitar, com a máxima fidelidade possível, o ser que ele procura representar, o dançarino se identifica com ele. [...] Sob a influência da música e da dança que a acompanha, viu-se homens e mulheres cair num estado de ausência completa, esquecer o mundo que os cerca e aparentemente perder a consciência. Pomo-nos diante deles e eles parecem não nos reconhecer. Falamos a eles, mas não obtemos outra resposta senão um olhar fixo. [...] É nestes momentos que se realiza a comunhão entre os atores da cerimônia e as potências ou seres sobrenaturais [...] para os quais ela é celebrada e que a ela assistem e nela tomam parte".

Sem dúvida estes efeitos têm algo de paroxístico. O gesto, seus ritmos, as salmodias, os cantos, a música que o acompanham acabaram por reduzir mais ou menos a atividade psíquica apenas às impressões da ci-

---

8. Cf. WALLON, H. De l'expérience concrète à la causalité. *Journal de Ps. N. et P.*, XXIX 1-2 (1932), p. 134.

nestesia, apenas aos êxtases da gesticulação e das atitudes. Suas influências puramente subjetivas submergem até à consciência da figuração que lhes serve de tema. O elemento proprioceptivo do movimento por si mesmo anula a imagem nascente ligada à ação do imitador. Mas é precisamente sua dosagem variável que mantém continuamente a imitação entre o efeito motor e a representação. Estes estão aqui em permanente conflito. Também na criança não é excepcional ver a exaltação do jogo anular o sentimento das pessoas que a cercam e de sua própria pessoa. Assim a imitação, que, por intermédio do gesto, tende à identificação e à substituição, destrói, após tê-la preparado, a representação, que é uma resposta da qual o movimento deve desaparecer.

***

Entre a imitação e a representação pode se introduzir o simulacro: "Uma forma de desembaraçar-se de uma má influência afastando-a [...] consiste em a própria pessoa realizar, mais ou menos completamente, a desgraça que ela sabe iminente. [...] Alguém sonhou que fora capturado pelo inimigo e torturado segundo o costume; no dia seguinte manda que os amigos o amarrem a um poste e pede que lhe inflijam ferimentos cruéis. Um outro, que em sonhos viu sua casa em chamas, toca-lhe fogo ele próprio no dia seguinte, mas sem deixar que ela queime completamente etc. [...] Um battak sonhou que o espancam? No dia seguinte ele pede que um amigo lhe dê alguns golpes, para escapar da surra verdadeira". Entre o simulacro e a realidade ainda não existe aqui senão uma limitação à vontade das consequências. Mas o simulacro, embora permanecendo ligado a objetos materiais, pode emigrar para o plano dos símbolos. "Na Nova Pomerânia, quando chove demais, os sulka, para fazer cessar a chuva, colocam pedras no fogo, pronunciando determinadas palavras; quando as pedras estão quentes, levam-nas para fora, sempre pronunciando fórmulas. As gotas de chuva, caindo sobre estas pedras, se queimam e então a chuva para".

O progresso em direção à representação é evidente. Muito mais que a cena imitada, o simulacro tende a desligar-se da atividade pessoal. Encantamento à parte, a ação do homem não intervém senão para provocar um efeito natural. Mais um passo, e o que vale é a semelhança entre objetos, ou seja, qualidades que, libertando-se deles, permitem uni-los, embora distintos e até mesmo, em outros aspectos, diferentes. Para o primitivo, a semelhança implica evidentemente certa comunidade de existência e de substância, uma espécie de participação. Isto pode até ser um estímulo para descobrir semelhanças. Mas, na medida em que a semelhança convém a diversos objetos, ela tende a tornar-se a representação que se destacará de cada um em particular. Na medida em que permite associá-los, a semelhança é, em potência, categoria.

"Na época das sementeiras – conta Lévy-Bruhl – enterram-se no solo da plantação certas pedras cuja forma imita a forma dos tubérculos que se espera obter. Estas pedras, que são cuidadosamente postas de lado após cada colheita, devem agir sobre os tubérculos à maneira de modelos. [...] Tudo se passa como se os tubérculos fossem ao mesmo tempo solicitados e obrigados a regular-se pelas pedras e chegar ao mesmo tamanho delas, e como se a grossura de seus modelos mágicos se comunicasse a eles"[9]. Também aqui a eficiência permanece implicada na imagem: ela é, com efeito, o estimulante necessário para determinar, neste estágio remoto do pensamento, o trabalho de comparação que a descoberta de semelhanças exige. É preciso que estas sejam uma espécie de virtude que opera nas coisas para serem distinguidas e isoladas. Sua extensão de um objeto para o outro não é inicialmente categorial, mas real; acontece por uma espécie de participação material. Mas já é a forma ou a dimensão que se comunicam. Após terem sido a força que coage as coisas, elas se tornarão uma qualidade para classificá-las.

"Entre os papuas da Nova Guiné, antes da caça, invocam-se certos caranguejos. Assim como eles, com suas patas, arrancam os peixes e outros animais dos buracos nos corais, este poder que eles têm deve agir sobre a caça na floresta e 'arrancar em espírito' os javalis de seus esconderijos, de forma que se possa vê-los e atirar neles". A desmaterialização da representação é aqui levada um pouco mais longe. A semelhança entre objetos dá lugar à simples analogia entre ações com resultados semelhantes. A participação material transforma-se em um poder que se exerce como que simbolicamente. Estas distinções antecipam-se evidentemente

---

9. Cf. WALLON, H. Le réel et le mental. *Journal de Ps. N. et P.*, XXXII (1935), mai.-jun., p. 464.

àquelas que o próprio primitivo pode conceber entre a ação material ou mágica, entre o real ou o símbolo. Mas nem por isso deixam de constituir degraus em sua capacidade de imaginar os seres e suas qualidades.

A semelhança, a analogia, consideradas como eficazes, podem de resto ser provocadas e artificiais. É a razão de ser dos ornamentos nos instrumentos dos primitivos. "*Os mariud-anim*[10], como tantos outros, ornam regularmente os objetos que fabricam com traços tomados da figura e do corpo do homem. [...] Sem dúvida estes obedecem ainda a outra coisa além da necessidade de satisfazer seu gosto artístico. Na maioria dos casos, eles querem assim aproximar os objetos de seu protótipo mítico [...] que tinha também a forma humana. [...] Quase sempre guarnecem-se os remos com certos ornamentos – linhas espirais – que são olhos; o mesmo fazem com certas flechas, com clavas, cestos e outros objetos trançados, com espátulas de betel, com tambores". A abertura do tambor é a boca; gotas de resina são distribuídas sobre sua pele para figurar os dentes; sem elas o tambor não pode ressoar bem. A individualização da imagem fez, neste último caso, um novo progresso. Após ter emigrado dos gestos humanos para a qualidade dos objetos, a semelhança transpõe-se para uma figura que já é literalmente um símbolo.

***

---

10. Ibid., p. 464.

Por fim, a linguagem desempenha também um papel importante nos mitos, nas cerimônias rituais. Enquanto o ator imita o ancestral, os iniciados recitam suas proezas. Não apenas explicam os gestos do imitador, mas, conforme a função específica da linguagem, enunciam aquilo que não pode ser imitado, aquilo que não é atualmente realizado ou realizável, aquilo que pertence a outros lugares ou a outros tempos.

Entre linguagem e representação parece, com efeito, haver um elo essencial. Uma representação que não fosse conotada por palavras, mesmo que por um simples código falado, pela expressão verbal de uma intenção, não poderia ser fixada pela consciência. Não poderia, em todo caso, prosseguir nem encontrar as associações necessárias para seus desenvolvimentos. Mas, sendo de origem social, a linguagem introduz na consciência, ela impõe aos dados da consciência os quadros de convenções ou de experiências tradicionais que dependem do grupo e de sua vida coletiva.

Estes quadros estão ali tão necessária e tão estreitamente combinados que não existem estados de consciência que não se expressem a si mesmos espontaneamente. Quando permanecem silenciosos, é porque sua manifestação oral é reduzida. Mas, se o controle for relaxado, eles se exprimem. Assim, os lábios começam a sussurrar nos momentos de distração, e a obnubilação mental vem acompanhada daquilo que Pick chama de "formulação verbal", retorno da linguagem interior à linguagem manifesta. Então, o pouco de atividade de que o sujeito porventura continua capaz é formulado em códigos simples executados simultaneamente. Se o ato se repete automaticamente, sua fórmula também é repetida em forma de ladainha. E seu conjunto pode lembrar o aspecto de práticas rituais.

Neste nível de simples enunciação oral, as associações permanecem na dependência tanto do gesto simultaneamente efetuado como da própria linguagem. Elas têm alguma coisa de simulacro. Simples analogias verbais fazem as vezes de analogia real. Assonâncias, rimas, a morfologia das palavras passam à frente do sentido e o comandam. Quanto mais pobre a ideação, tanto mais reduzidas as relações que lhe são próprias, e tanto mais poder intrínseco, tanto mais virtude profética ou mágica a linguagem parece possuir.

Assim, em certos casos, a linguagem pode estar na origem de uma lenda, modificar uma crença no entanto fundamental, por mais que os primitivos sejam escrupulosamente conservadores de suas tradições: "Certo clã, o dos sapi-ze, assim chamado por causa de um ancestral mítico Sapi, recebeu há pouco tempo um novo parente totêmico – o animal com chifres – simplesmente porque este animal se chama em malaio sepi e ficou conhecido recentemente por este nome pelos mariud que habitam nos arredores de Merauke".

Assim, mesmo na palavra, gesto e conteúdo da representação permanecem frente a frente, procurando seu equilíbrio numa espécie de conflito latente. Isto mostra a dificuldade da evolução, que pôde levar o homem a alcançar a independência de suas representações e de seu pensamento, a dar-lhes o pleno controle dos gestos que lhes permanecem necessários para formular-se depois de os terem precedido e preparado.

Parte III

Os fundamentos primeiros do pensamento

I

As relações entre significante e significado

Indispensável para pensar as coisas, a representação introduz novas relações entre elas e o homem. Ausentes, a representação as torna presentes à mente; presentes ou ausentes, ela lhes possibilita outras relações que não as da experiência bruta e individual. Mas isto acontece ao preço de uma substituição que põe em seu lugar algum outro efeito sensível capaz de significá-las. Pouco importa teoricamente a natureza deste efeito, contanto que ele possa ser considerado como alguma dentre as coisas ou como algum de seus aspectos, de suas propriedades, de suas consequências, em todas as circunstâncias em que é preciso ora prever para além da realidade imediata, ora evocar alguma coisa do passado, ora imaginar combinações hipotéticas.

A relação entre significante e significado não pode ser a simples resultante automática da atividade prática. Esta não pode brotar por via de complicação e de unificação progressiva de simples combinações entre esquemas sensório-motores[1]. Ela não pode tampouco su-

---

1. Cf. Parte I, cap. 1.

ceder por filiação direta às reações imediatas suscitadas pelo meio. Por mais engenhosas ou complexas que estas sejam, separa-as do pensamento um limiar que procede por meio de representações ou símbolos. O macaco superior pode muito bem ligar o instrumento aos seus movimentos e seus movimentos ao instrumento, sem jamais dar mostras de que ele usa representações. Sem dúvida o bastão, que inicialmente entrara no campo de sua atividade através de relações concretamente percebidas com o objetivo, logo é manejado em vista dele mesmo. O animal descobre com alegria os diferentes usos: sacudir por meio dele os objetos fora de seu alcance, bater na água da gamela para salpicar os vizinhos, cutucar uma galinha que passa etc. Mas aqui não temos ainda senão automatismos e ocasiões ligados ou encadeados ao bastão. O bastão não adquiriu existência própria. A diversidade de seus efeitos maravilhosos pôde fazer com que fosse comparado ao bastão mágico. Mas a diferença é grande. O primitivo fez convergir para seu bastão mágico sua habilidade às vezes sutil, a fim de dotá-lo de propriedades surpreendentes e, em todo caso, transforma-o em suporte de poderes fundamentados em sistemas definidos de representações e de crenças. A identidade do bastão tem algo de único. Seus poderes não são um efeito das circunstâncias, ele os contém em si mesmo. Ele tem seu lugar marcado num aparato ritual totalmente impregnado de significados simbólicos.

Uma prova de que o chimpanzé ainda não age segundo a representação dos objetos é seu comportamento com as caixas que ele não sabe colocar perpendicularmente embaixo do objeto suspendido alto demais. Não apenas ele não capta nitidamente a forma e o equilíbrio das caixas, mas só as aproxima até à distância exata necessária para completar o alcance do pulo que ele consegue dar. Para ele, as caixas nada mais são do que uma posição e um ponto de apoio em relação com a intuição ou a experiência que ele tem de suas próprias aptidões motoras. Como esta atividade prática, que do meio conhece apenas aqueles estimulantes e meios imediatamente utilizáveis que este lhe fornece, poderia explicar a representação?

Uma ilusão inversa é a da psicologia tradicional. O limiar que separa a representação e a realidade concreta está ainda encoberto, mas em sentido contrário, porque a representação é imaginada como anterior ao próprio objeto. É o que aparece muito bem na famosa fórmula de Taine sobre a sensação, definida como uma verdadeira alucinação. Numa psicologia que parte dos estados de consciência, ou seja, da análise da consciência por ela própria, aquilo que parece o dado primeiro e essencial é a imagem. Servindo-lhe de simples ocasião exterior, de complemento, a realidade lhe é finalmente sacrificada, identificada. Também aqui não é mais preciso explicar a passagem entre a atividade concreta e a representação. Colocada no ponto de partida, a representação não tem motivos para ser considerada como o resultado de um desdobramento entre o objeto e aquilo que pode ter-se tornado signo dele.

Mas é possível procurar, ao contrário, como e em que momento acontece este desdobramento. Um fato muito geral e muito importante, que poderia ser considerado seu prelúdio, é a antecipação. Desde esta primeira imagem das coisas que é a percepção, seu papel é essencial. Muitas vezes define-se ainda a percepção por sua correspondência estrita com o real, como se ela, no momento em que acontece, fosse o decalque do real. Mas sua análise mostrou o quanto o excitante que a evoca está muitas vezes longe de corresponder a seu conteúdo. O excitante é a ocasião que provoca uma reação complexa. Essencialmente esta reação é uma atitude, uma preparação para o ato com todo o conjunto de imagens que a situação correspondente pode implicar. Esta tem algo de inusitado, de ambíguo, a atitude evocada e seu cortejo de imagens podem não concordar com ela. O resultado ilude então a expectativa do sujeito. É preciso que a percepção se modifique. Produzem-se assim alternativas, que mostram a não identidade inicial entre o real e a percepção. Acontece que o sujeito reage a uma circunstância exterior através de um sistema perceptivo, sem ter a prova intrínseca de uma exata semelhança entre os dois. A reação perceptiva antecipa-se à situação, ou melhor, ao seu conhecimento, que é simplesmente a harmonia secundariamente constatada entre a reação perceptiva e a situação. Nas condições habituais, a relação empírica, mas invariável, entre determinado estimulante e determinado sistema perceptivo realiza uma coincidência que é naturalmente confundida com uma identidade necessária. Ainda são inevitáveis, a cada vez, pequenas retificações. Mas estas ocorrem o mais das vezes sem nosso conhecimento, a tal ponto deve tornar-se corrente e praticamente instantâneo o ajustamento de nossos sistemas perceptivos à diversidade do real.

Apesar desta dissociação potencial entre o real e sua imagem, que se observa na percepção, o simples mecanismo da antecipação, que é sua causa, não pode ver atribuída a si também a dissociação que acarreta a contraposição entre a representação e seu objeto. Este mecanismo tem origens muito mais remotas na história dos seres vivos para fornecer a explicação de fatos que parecem datar da espécie humana. Começa com simples engramas, ou registro por parte da matéria viva de reações cujo ciclo, inicialmente ligado a circunstâncias exteriores, acaba reproduzindo-se espontaneamente: assim o exemplo da patela, que, em aquário, continua a abrir-se e fechar-se segundo o ritmo das marés. Num nível mais elevado, a antecipação torna-se mais seletiva. Ela não é mais a simples consequência automática das influências sofridas. Mantém o contato com situações variáveis ou fortuitas. Está ligada a uma circunstância, que é preciso acionar antes que possa ocorrer, quer objetiva quer subjetivamente, a situação em sua totalidade. A parte tende assim a suscitar os mesmos efeitos que o todo. Muito antes de se poder presumir a existência da percepção, é preciso supor nos organismos a capacidade de repetir integralmente reações anteriores quando o estímulo atual não reproduz a totalidade do estímulo primitivo.

Um exemplo deste tipo foi estudado experimentalmente por Pavlov e sua escola sob o nome de reflexos condicionados. Através destes, uma circunstância, em si indiferente, é tornada eficaz após uma associação suficientemente repetida com o excitante específico do efeito a ser obtido. O conjunto dos dois excitantes pode ser comparado a uma situação global em que o fortuito se misturaria ao essencial. Mas então entra em jogo o poder diferenciador do córtex, que Pavlov considera essencialmente um instrumento de análise. Há não só transferência de influência entre o todo e a parte, entre o específico e o ocasional, mas o próprio ocasional pode ser selecionado, delimitado graças a um mecanismo ativo de inibição, que gradualmente priva de eficácia aquelas nuanças ou circunstâncias cujas repetições nunca foram associadas ao excitante específico. Assim, o excitante condicionado pode atingir uma precisão crescente e reduzir-se a um traço extremamente particular, cuja ação se torna a mesma que a ação da situação global. Em consequência, ele provocará a resposta a esta situação em sua ausência, ou seja, também por antecipação, ou antes que ela possa ser realizada inteiramente pelo sujeito. Parece ter assumido então o valor de um sinal.

***

Na noção de sinal parece estar implicada a noção de significação. E, por esta razão, trata-se de um termo que serviu como traço de união entre casos bastantes diferentes e que dissimulou o limiar que os separava. Uma etiqueta de papel branco colada numa caixa pode lhe modificar o aspecto suficientemente para que um adestramento conveniente leve o macaco, ou mesmo outros animais menos evoluídos, a "reconhecê-la" entre diversas outras caixas de resto semelhantes, ou seja, a ligar exclusivamente a ela a reação utilizada pelo adestramento. Para o homem esta mesma etiqueta pode ser uma marca que corresponde a um código ou a um meio de classificação. Pode ser que exteriormente os gestos do homem e do animal tenham uma certa semelhança. No entanto, as operações mentais dos quais estes gestos resultam não são evidentemente as mesmas. No entanto, é o termo "sinal" que é normalmente empregado nas experiências de adestramento, para designar toda circunstância destinada a diferenciar entre si dois objetos ou duas situações, como também é empregado para os sinais codificados que o maquinista de locomotiva deve levar em consideração.

Se o sinal for adotado para casos semelhantes ao do excitante condicionado, é preciso pelo menos delimitar cuidadosamente o ato psíquico que lhe corresponde. Muitas vezes o ponto de vista daquele que estabelece o sinal, que o escolhe entre outros efeitos sensíveis, para associá-lo a uma situação que comporta certa resposta, e o ponto de vista daquele que deve conformar-se a ele são confundidos. O ato do primeiro é de combinação, de junção entre termos primitivamente distintos. É de natureza discursiva. Admite-se muitas vezes um dualismo semelhante para o ato do segundo. Mas então são possíveis duas hipóteses contrárias. Ou a convenção é adotada como foi concebida, e o ato do paciente reproduz o ato do experimentador; mas isto não é o resultado de um adestramento, como o mostram suficientemente os procedimentos empregados. Ou então a experiência teria como efeito unir, como dois anéis de uma corrente, duas reações psíquicas primitivamente estranhas uma à outra. É justamente assim que a formação dos reflexos condicionados é muitas vezes reduzida a uma "associação" feita a partir do exterior entre elementos que teriam uma espécie de individualidade prévia. É assim igualmente que alguns autores imaginam a abrangência crescente do ato psicomotor como a junção ou assimilação mútua entre um esquema motor e uma impressão sensorial que teriam tido de início uma espécie de existência separada. Que caiba à evolução, à maturação do sistema nervoso produzir fusões e integrações funcionais cada vez mais extensas, é sem dúvida um fato demonstrado; mas que o aparelho psicomotor ou a substância nervosa possam receber, por adestramento ou ação exterior, impressões que uniriam aquilo que era distinto e descontínuo, é uma representação atomística e mecanicista da vida psíquica cujo desacordo com a realidade se tornou patente.

Nem ato de intelecção discursiva, nem simples grampeamento de um excitante a uma reação, o "sinal" deriva seu poder, pelo contrário, de sua fusão inicial com a situação de que ele faz parte. Mesmo nas condições artificiais onde são formados os reflexos condicionados e realizados certos adestramentos é fácil reconhecer a estreita união entre o excitante escolhido e o comportamento total do sujeito. O sinal permaneceria sem efeito e a reação não aconteceria, se o essencial da situação fosse modificado. No bebê saciado ou em estado de fastio alimentar o movimento de sucção não acontecerá, mesmo que a criança seja colocada na posição de mamar; e sabemos que conjunto de condições negativas é seguido à risca e minuciosamente nas experiências de Pavlov, para evitar a menor mudança na situação. Todas as circunstâncias são mutuamente solidárias e estão simultaneamente na sede do apetite, da necessidade, da função acionados. Dentre as circunstâncias, aquela que servirá de sinal é aglutinada às outras pelas tendências então despertas e das quais todas recebem o poder de evocá-las mais tarde. Daí resulta um conjunto que lembra muito mais um todo indiferenciado do que uma associação mecânica.

O sinal tem neste caso algo de concreto, de vivido. Não é em si mesmo arbitrário. Ele é a parte que induz o todo, do qual ele ainda não é e não pode ser distinguido. É preciso, portanto, evitar atribuir-lhe, neste estágio, um valor significativo. Ele se estabelece por simples repetição de concomitância e extingue por repetição de não concomitância. Ele não está unido ou oposto, através de uma operação autônoma de discriminação, àquilo que ele provoca ou impede. A reação do bebê à circunstância que nós distinguimos e identificamos como um sinal não implica de sua parte intelecção nem interpretação. O conjunto de seus primeiros hábitos, que desempenham um papel tão importante em sua psicogênese, é anterior a toda compreensão, às relações entre significante e significado. Ainda no adulto podem ser observadas em sua conduta conexões cujo sentido e cuja causa ele não imagina senão mais tarde, quando lhe acontece refletir sobre isso.

O que acontece com o sinal acontece também com o indício. Mas, em vez de estar em relação com a atividade do sujeito, o indício está ligado à situação. Ele não implica necessariamente a representação, mas apenas a realidade perceptível. É um dado sensível que não é mais o esboço de uma reação, mas antes um alerta a respeito de acontecimentos ou presenças mais ou menos próximos, mas provisoriamente inatuais. Já não é apenas o detalhe que leva a antecipar-se ao todo; é um vestígio distinto do todo, embora tendo alguma relação natural com ele. O indício não está, portanto, tão intimamente ligado à ação nem à situação global como o sinal. Aqui a antecipação tem um alcance mais amplo. Induções, raciocínio podem ser necessários para preencher a distância entre o indício e o fato correspondente. A literatura chegou a se apossar deste tema para construir o romance policial, que coloca continuamente problemas diante do talento adivinhatório do leitor. Nestas combinações imaginativas, porém, as circunstâncias desempenham um papel muito mais decisivo do que a própria natureza do indício; a conclusão a obter é bem determinada e o indício, aparentemente pelo menos, banal; as pistas estão emaranhadas. Por fim, e sobretudo, o resultado procurado não pertence mais ao domínio das realidades atuais, mas é uma construção a ser refeita no passado, ou seja, naquilo que já pertence ao plano da representação.

Não é o indício por si mesmo que opera esta transposição. Ele não supõe de forma alguma um desdobramento entre a coisa e a imagem. Por mais desligado que possa estar de seu objeto no tempo ou no espaço, ele é estritamente um anexo deles. O animal que percebeu sua presa pode, no decorrer da perseguição, não perceber mais que um cheiro, sons, ou pegadas no solo e vestígios no matagal. Através destas impressões percebidas é, no entanto, a presa inteira que ele ainda percebe. Com a ajuda da experiência, avivada por seus apetites e suas tendências naturais, não tardará a fazer o caminho em sentido inverso, e de um simples traço surgirão todas as reações, todos os automatismos que cabe à percepção total suscitar.

O sinal e o indício não precisam ser conhecidos por aquele que eles orientam. Com efeito, embora momentaneamente isolados do conjunto que anunciam, nem por isso são isoláveis dele, e a relação que os une ao conjunto não é daquelas que precisam ser formuladas. Basta que provoquem uma reação apropriada; sua ligação com esta será confirmada pelo simples fato de que não há fracasso e sim sucesso. De gênero totalmente diferente são o símbolo e o signo. Com estes consuma--se o desdobramento entre eles próprios e aquilo que eles indicam. São um instrumento de significação. Já sobrepõem, portanto, a representação ao real. Contrapõem significante e significado. Mas de maneira, aliás, bastante diferente.

O símbolo, no sentido estrito da palavra, é um objeto, mas um objeto que é substituto de outras realidades: objetos, pessoas, ações, instituições, clãs, grupos quaisquer etc. Ele permuta sua própria realidade por aquela que ele representa. Ele se torna uma significação. Não é em si mesmo uma representação, já que ele é algo de concreto. Mas sua função já é representativa. A representação permanece ainda alienada num objeto; ela não é ainda formulável por si mesma. Muitas vezes até a realidade correspondente é daquelas que se subtraem a uma intuição imediata, concreta, precisa: por exemplo, quando se trata de entidades ideais ou inacessíveis a não ser através de uma longa evolução histórica ou de uma multiplicidade mais ou menos difusa de acontecimentos, de prescrições, de seres mais ou menos anônimos. Daí o papel eminente que o símbolo pode desempenhar nas relações entre a consciência e o ato. É ele o termo concreto e seu objeto é que é o abstrato. Ele apresenta, aliás, numerosos graus. De simples emblema, evolui até ao símbolo matemático, que pode sozinho representar conjuntos de operações não efetuadas mas já previstas e reguladas. Mas ele se une então, por sua expressão gráfica, a certas formas da linguagem propriamente ditas.

É o signo que faz aceder ao plano da verdadeira representação. Ele pode não ter nenhum laço de pertença, nem de semelhança ou de analogia com o objeto correspondente. Nada mais seria do que sonoridade oca ou grafismo arbitrário, incompreensível, sem a representação que ele tem o poder de evocar e da qual recebe seu conteúdo, seu papel e sua verdadeira existência. É um símbolo, depurado ao ponto de não mais pertencer ao mundo das coisas. Ao mesmo tempo que ele se torna totalmente estranho a esse mundo das coisas, é preciso que a representação, da qual ele é o substituto, adquira uma independência semelhante em relação a seu próprio objeto. Artificial na medida em que sua forma e sua significação se tornam mais abstratas, a própria origem do signo já não pode mais ser procurada nas coisas. O signo implica uma espécie de cumplicidade, de entendimento com o outro. Tem necessariamente a sociedade como matriz.

A explicação dos signos, e em grande parte também a dos símbolos, só pode ser histórica. Quanto ao lugar dos signos na evolução, a uma distância tão grande do sinal e do indício, ele pode ser balizado pelo simulacro, que parece ocupar uma posição intermédia. O simulacro, com efeito, já não é mais o próprio objeto. Ele é o substituto do objeto, substituto ora mais semelhante ora mais estilizado, de intenção ora mais prática ora mais lúdica ou estética. Mas ainda se liga ao objeto de maneira bem concreta através da ação que torna como que concreto o objeto para o qual ele tende. Enquanto o signo e o símbolo se relacionam com o objeto por meio da representação à qual estão unidos por natureza, o simulacro é aquilo que realiza a representação na medida em que esta se forma ao lado do objeto ou, o mais das vezes, em participação com ele. E é por isso que ele está mais longe da representação objetiva. Ele é o ato que pode levar a ela. Nos mitos dos primitivos, aliás, o simulacro mistura-se muito intimamente com os símbolos. Na evolução mental da criança ele ocupa também um lugar importante junto com tantos jogos que se inspiram unicamente nele.

***

É difícil decidir se as etapas funcionais marcadas pelo sinal, pelo indício, pelo simulacro, pelo símbolo e pelo signo são etapas genéticas. Assim como em toda evolução, é possível constituir a série progressiva, mas é muito mais hipotético indicar por qual meio foi feita a passagem. Sem dúvida, as atividades que se desenrolam na imitação e se exercem no simulacro, tanto na criança no decurso de seus jogos como na espécie no decurso das civilizações mais remotas, contrapõem às relações diretas de ação recíproca, que são permanentes entre o ser vivo e seu meio, um outro tipo de ação, que é à imagem das coisas e que se concluirá na representação e no pensamento, tornando-se a imagem das coisas. Mas é uma filiação direta que leva da imitação à representação, do simulacro ao pensamento simbólico e falado. Colocar o problema desta forma é colocá-lo em termos por demais estreitos. O desenvolvimento de uma função não se faz por e para ela mesma, sobretudo quando se trata de uma função psíquica e quando esta função está tão estreitamente misturada à mudança radical como o foi para a espécie humana a existência de sociedades fundadas na manutenção em comum, no intercâmbio, nas transformações sempre possíveis de representações e de ideias, cuja capacidade de modificar seu meio vital aumentou a cada dia.

As mesmas causas que transformaram o homem no animal social que ele é, deram-lhe sua aptidão para formar representações. Não importa menos definir entre elas as funções que levam ou que contribuem para a representação. Esta se insere em todo um conjunto que pôde ser denominado função simbólica no sentido amplo. É à linguagem sob todas as suas formas que antigamente foi estendida a noção de símbolo, para reagir contra uma concepção estritamente, ou melhor, falsamente realista, que o identificava com seus elementos e com os assim chamados elementos de seus elementos: palavras e imagens sensoriais ou motoras da palavra.

Mas também para a representação valeria uma crítica semelhante. Pois ela é erradamente identificada com os elementos da percepção, assim como esta o é com seus elementos sensoriais. A representação não está ligada às coisas por uma espécie de semelhança essencial. Ela ocupa um lugar numa cadeia onde se sucedem os substitutos das coisas, que permitirão tanto melhor manejá-las pelo fato de eles próprios se prestarem mais ao manejo das operações mentais. A representação não apenas utiliza a função simbólica da linguagem, ela própria é um determinado nível da linguagem e da função simbólica. No entanto, a linguagem propriamente dita é o exemplo que discussões hoje clássicas tornaram como o exemplo mais demonstrativo para explicar a função simbólica.

O caráter específico da linguagem foi sublinhado a propósito da afasia, quando o antigo esquema da linguagem adotado pelos neurólogos revelou-se definitivamente inapto para explicar os fatos rigorosamente observados. Este esquema consistia em confundir a linguagem com a série das palavras que a compõem e confundir as palavras com as imagens auditivas e motoras de que elas próprias seriam compostas. Se uma lesão qualquer viesse a destruir a sede de sua inscrição no cérebro, as palavras ouvidas não poderiam mais ser reconhecidas, as palavras correspondentes às ideias ou às intenções do sujeito não poderiam mais ser articuladas. Os danos consistiriam na perda material dos constituintes próprios de cada palavra.

Alguma coisa desta concepção sobrevive em certos psicólogos que pensam que o papagaio falaria se à sua habilidade de vocalização se somasse a inteligência do chimpanzé e igualmente o chimpanzé se sua inteligência contasse com a ajuda da garganta do papagaio. Isso significa reduzir a linguagem propriamente dita a simples conexões entre atividade auditiva e atividade fonocinestésica, e considerá-la um instrumento exterior ao pensamento, que ela poderia favorecer ou não favorecer sem que o pensamento seja com isso modificado essencialmente. Não há dúvida de que, apesar da monotonia de seus gritos, o chimpanzé lhes acrescentaria as ações secundárias necessárias para elaborar uma linguagem, se ele fosse orgânica e funcionalmente constituído de maneira a poder substituir as coisas por imagens ou símbolos. Ora, aquilo que se chamou de vocabulário do chimpanzé limita-se a uns trinta gritos diferenciados entre si conforme a diversidade das situações a que correspondem, mas que nunca são produzidos a não ser na presença dessas situações e que, por conseguinte, estão a elas ligados na medida em que estão ligados ao grupo de reações que estas situações são capazes de desencadear. Além disso, parecem nada dever à influência do grupo sobre os indivíduos, ao passo que é próprio da linguagem humana ser uma criação coletiva à qual cada um deve adaptar suas aptidões linguísticas.

A teoria associacionista e atomística da linguagem acabou sendo denunciada, não apenas porque não concordava com os distúrbios da linguagem mais bem estudados, nem com aquilo que se observa no aprendizado das línguas, mas também porque ela postula como elementos da palavra a existência de imagens, particularmente de imagens motoras, cuja realidade é quase inconcebível, ou pelo menos totalmente estranha à execução efetiva dos movimentos. Feita com estas imagens, que eram mais ou menos assimiladas a estruturas ou mesmo a elementos do sistema nervoso, a própria palavra recebia dessas imagens uma espécie de individualidade imutável, que as transformava numa espécie de fundamento absoluto da linguagem.

Longe de serem o elemento inicial e último da linguagem, as palavras são, pelo contrário, apenas o seu efeito. Elas têm, ali, uma existência de certo modo contingente, o essencial sendo a função que permite substituir o conteúdo real por intenções e pensamentos e substituir as imagens que o exprimem por sons, por gestos ou mesmo por objetos que não têm com elas outra relação senão o ato pelo qual se efetua a ligação. É a esta capacidade de substituição que a função simbólica se reduz. A função simbólica não é a simples soma de determinados gestos. Ela é aquilo que estabelece uma ligação entre um gesto qualquer a título de significante e um objeto, um ato ou uma situação a título de significado. Aliás, ela não é adição, mas desdobramento. Não é a associação de duas realidades primitivamente separadas. O erro do associacionismo consiste em querer recompor a vida psíquica em seus inícios com elementos que só é possível isolar sob forma individual no termo de sua evolução e de sua diferenciação. A função simbólica é a capacidade de encontrar para um objeto sua representação e para sua representação um signo.

Sem dúvida as línguas constituídas parecem se impor a partir de fora. É preciso aprender a reunir cada termo delas com a noção correspondente. Mas aquilo que torna possível esta aprendizagem é a própria função simbólica. Quando esta falta, o conjunto permanece particular e precário. É um simples fato de adestramento, limitado estritamente às circunstâncias que o fizeram nascer e das quais está ausente toda significação. Os exemplos de mudez psíquica sem degradação intelectual o mostram muito bem: é possível levar o sujeito atingido por ela a enunciar um certo conjunto de sílabas quando se lhe mostra um certo objeto; muito mais difícil é fazê-lo encontrar o objeto ao ouvir estas mesmas sílabas[2]; mas é sobretudo uma aquisição que se perde facilmente, se não for entretida, e que não consegue nem se generalizar, nem efetuar a substituição do objeto pela palavra.

Entre o aprendizado das línguas estrangeiras e o da língua materna existe, aliás, uma diferença. A língua materna não começa por contrapor-se ao sistema já formado das intenções e dos pensamentos como um instrumento rígido, do qual a criança não conheceria nem a estrutura nem o uso. O acesso que a criança tem à língua materna é como o acesso a alguma coisa estreitamente ligada às relações do meio social com ela, e que se mistura também estreitamente às suas necessidades e aos seus desejos, e que depois se transforma para ela numa fonte de informações e de revelações

---

2. WALLON, H. L'interrogation chez l'enfant. *J. de Ps. N. et P.*, jan.-mar./1924.

diferentes e muito mais vastas do que as informações e revelações devidas à sua experiência direta das coisas. São mesmo dois mundos que a criança nem sempre chega a conciliar sem conflitos nem contrassensos.

Subordinar os signos à função simbólica é explicar sua relatividade. Sua significação ultrapassa sua existência puramente formal. Dentro de certos limites eles podem ser intercambiados, modificados ou alterados sem que o pensamento sofra necessariamente uma parada ou uma deformação. A palavra pode dar lugar ao simples gesto. A linguagem manual teria até precedido a linguagem oral. A mão teria sido o primeiro instrumento para exprimir relações e Cushing pretende ter encontrado nos primitivos alguns vestígios de conceitos manuais. A voz não teria feito, de início, nada mais que dar um tom afetivo aos gestos descritivos da mão. No emprego das próprias palavras subsiste uma ampla margem de relatividade. Para o adulto, sem dúvida, que está fixado em certo sistema linguístico, a passagem de um idioma a outro parece efetuar-se literalmente como que com a ajuda de um dicionário. Mas neste caso o conhecimento e o uso da língua permanecem árduos e mal adequados. O ideal é "pensar" na língua empregada, ou seja, a palavra, passando ao segundo plano, deve seguir como que automaticamente o pensamento. Numa criança bilíngue, com a qual os mesmos personagens usavam sempre o mesmo idioma, Ronjat pôde constatar que os dois idiomas coexistiam sem que a criança sequer se apercebesse. As palavras difeririam conforme a pessoa a quem a criança se dirigia e ela, enquanto traduzia para a mãe aquilo que seu pai acabava de lhe dizer, acreditava repetir exatamente o que ele dizia. É a supressão do signo diante da significação.

***

Mas, sob a aparente identidade, a própria linguagem falada está longe de apresentar uma exata identidade funcional. É preciso distinguir nela planos diferentes, cuja existência é muitas vezes desconhecida, porque, na prática, é frequente passar de um plano ao outro. A afasia pode, porém, aboli-la em suas formas superiores e respeitar as mais primitivas.

Para começar, temos o grito, que pertence ao complexo de reações psicofisiológicas provocado pela situação crítica do momento. Ele possui então um valor expressivo, mas deixa fora dele todo o conteúdo representativo. Na linguagem do adulto, o equivalente do grito é a exclamação, que pode ser um meio de consonância entre indivíduos e desenvolver-se como uma espécie de participação ou de comentário emocionais, enquanto evoluem a situação, a cena, o relato. A exclamação sublinha-lhes as peripécias e, através de suas modulações variadas, pode tornar-se como que simbólica do acontecimento, à medida que este é vivido. Ela pode também assinalar uma necessidade. É a linguagem optativa e imperativa, primeira forma de linguagem na criança, para a qual suas relações com o mundo exterior exigem o mais das vezes a intervenção dos outros. A linguagem é assim o procedimento habitual usado pela criança para obter a realização de seus desejos. Nada de surpreendente naquilo que foi chamado de seu caráter mágico.

A linguagem está então estreitamente misturada com a sensibilidade do sujeito que fala. Ela tem algo de irrefletido e de primitivo, que a põe na dependência das circunstâncias e que, por conseguinte, não levanta o problema da ordem na qual ela deve detalhar-se. Mas também, seja qual for seu valor expressivo para os outros, a linguagem não tem para o próprio sujeito senão um fraco valor representativo. A representação, na medida em que pode existir, está muito mais no conjunto da situação e das reações suscitadas, e não tanto na expressão oral tomada isoladamente. As coisas mudam quando a linguagem não é mais o simples efeito das circunstâncias ou do desejo, quando ela se torna código, ou seja, quando acompanha, não mais as impressões sofridas, mas o ato a ser executado. Então ela pode traduzir e orientar a ordem a ser colocada no ato. Por conseguinte, ela própria deve apresentar-se sob forma de sucessão e esta sucessão levanta problemas.

Mas um caso ainda mais difícil é quando não há apoio recíproco entre um ato que se desenrola e os comentários ou códigos que o acompanham; quando a linguagem é, por assim dizer, entregue a si mesma e deve evocar uma situação ou um objeto, sem que estes sejam a ocasião de outras reações, como são por exemplo as reações sensório-motoras que a presença da situação ou do objeto poderia suscitar. É então que a ordem de sucessão entre os termos, pela qual devem exprimir-se a ideia, o conhecimento, o pensamento, vai exigir um progresso decisivo da função.

Basta, para mostrá-lo, lembrar as etapas percorridas pela aquisição da linguagem. Também aqui, como nos casos de imitação não literal, mas inovadora, há impregnação, longo período de incubação, integração e discriminação das múltiplas impressões sofridas pela criança. A duração desta aquisição latente pode ser medida pelo tempo que decorre entre o momento em que a criança compreende o sentido daquilo que se diz ao seu redor e o momento em que ela própria se mostrará capaz de articular palavras. Certamente sua compreensão permanece por muito tempo global. Ela pode ser mais ligada às entonações, à divisão das frases, às situações que estas acompanham do que ao detalhe das palavras. Podemos, não obstante, fazer aos poucos o inventário das locuções que a criança chega a compreender, embora ainda não seja capaz de formular nenhuma.

Em seguida, vem o momento em que a própria criança procura exprimir-se de outra forma que não com a ajuda de gestos ou de exclamações. Mas as palavras que ela enuncia são um condensado do objeto e das ações ou desejos que lhe correspondem. Para começar, são vocábulos isolados, é a palavra-frase, inicialmente composta de duas sílabas semelhantes ou ligeiramente diferentes; dodo (para dormir), lolo (para *lait* = leite), papeau (para *chapeau* = chapéu).

O passo que a criança deverá então dar tem algo de essencial. Sua palavra deverá necessariamente detalhar-se no tempo, enquanto a coisa a ser expressa corresponde a uma manifestação momentânea de sua consciência. A distribuição no tempo daquilo que se apresenta de início como simples intuição momentânea da consciência é, sem dúvida, a operação mais crítica da linguagem e do pensamento discursivo. É um caso familiar a todos o embaraço experimentado numa descrição ou num raciocínio, para saber por onde começá-los e em que ordem prossegui-los. A mesma dificuldade se encontra na evolução da linguagem em seus diferentes níveis. Sucessão e coordenação das proposições na frase: durante muito tempo a criança não sabe falar senão mediante frases justapostas e proposições principais. Associação das palavras na proposição: quando mais jovem, ela simplesmente junta as palavras, sem partícula nem forma de ligação; é o que se chama agramatismo ou falar *petit-nègre*. Quando a criança é ainda mais jovem, suas frases não têm senão uma só palavra e suas palavras apenas uma sílaba repetida.

A comparação com os afásicos mostra que esta capacidade de organizar a duração em função da representação mental é uma condição fundamental da palavra. Porque, ao mesmo tempo em que desmoronava o suposto edifício da linguagem apoiada em imagens e passava ao primeiro plano sua definição como função simbólica, as antigas distinções da afasia em sensorial e motora, conforme parecesse mais ligada à perda das imagens auditivas ou à perda das imagens motoras, davam lugar a outras distinções nas quais, segundo seu nível, é a ordem sintáxica das palavras na proposição ou a ordem dos fonemas na palavra que, subtraindo-se ao afásico, o tornam incapaz de passar seja dos sons ao sentido, seja do sentido aos movimentos de articulação.

Mas uma outra comparação de grande alcance é a simultaneidade frequentemente constatada entre as perturbações da palavra e as da aptidão para organizar os objetos no espaço. Assim como os elementos das palavras ou da frase, também os objetos têm tendência a se aglomerar, a fundir suas posições, em vez de colocar-se nos intervalos ou nas direções indicadas. Eles não se deixam colocar numa ordem determinada, nem que seja um simples alinhamento. Diante destes fatos, é possível não se lembrar de que a inteligência prática está, também ela, ligada à capacidade de reconhecer, de utilizar, de modificar as disposições do campo perceptivo? Os contrastes assinalados entre a inteligência intuitiva das situações e a inteligência discursiva, que precisa da palavra para enunciar-se, não impedem portanto que elas dependam, em níveis diferentes, de condições semelhantes. As relações em suspenso são, para o afásico, aquelas dos objetos a situar no espaço objetivo. No caso do chimpanzé, que quer alcançar a presa apesar da distância ou dos obstáculos, ele precisa reorganizar as relações no espaço em função de suas próprias possibilidades motoras: ele permanece, portanto, ligado às realidades sensório-motoras. Quando, pelo contrário, as relações entre os objetos no espaço se tornaram estranhas àquele que as percebe, elas podem ser sublimadas e tornar-se uma capacidade latente de distribuir diante de si não apenas as coisas, mas também os momentos do pensamento. Apesar desta diferença essencial, o que foi preciso superar nos dois casos foram no entanto conflitos análogos. Os conflitos da inteligência prática contrapõem ao desejo, que impele o animal diretamente para a presa, circunstâncias que é preciso selecionar e tornar utilizáveis, combinando-as. Os conflitos da inteligência discursiva acontecem entre a intuição mental, que tende globalmente a exprimir-se, e um material de locuções ou de fórmulas entre as quais é preciso igualmente fazer uma escolha, e colocar a ordem que convém.

Órgão desta expressão, a linguagem não está, no entanto, ligada ao pensamento como se ela fosse apenas seu decalque sensório-motor. Também ela apresenta diferentes níveis funcionais. Se a linguagem se acrescenta à representação como um meio de evocá-la, como seu substituto nas operações mentais e enfim como uma delimitação que lhe permite classificar-se diversamente em sistemas diversos de representações, ela pode igualmente permanecer-lhe estranha e só haurir significação na afetividade do sujeito. A linguagem é, portanto, também ela, uma possível fonte de reações contrárias entre si, como aliás é fácil de perceber muitas vezes nas discussões ou nas improvisações verbais.

2
O pensamento sincrético

Assim como cada termo da linguagem deve, segundo a opinião comum, estar dotado de um sentido definitivo e estável, o pensamento é muitas vezes considerado um sistema de conceitos estritamente delimitados. Fundar este sistema sobre princípios necessários e invariáveis foi o objetivo dos filósofos, que, como Aristóteles e Kant, tentaram deduzir as categorias da inteligência. Ainda em nossos dias Lévy-Bruhl contrapôs o pensamento dos primitivos, que ele julgava "pré-lógico", ao pensamento "conceitual", no qual ele via o tipo não apenas de nosso pensamento moderno, mas também de todo pensamento capaz de chegar ao conhecimento do mundo. É evidente que definições estritas são indispensáveis para compreender e não confundir, mas sua forma conceitual e estática é uma causa permanente de dificuldades e de contradições, que podem ser resolvidas de forma diferente conforme as épocas, os casos ou mesmo as pessoas. A ideia a fazer do conceito e de suas relações com o real deve necessariamente ser modificada.

Desde o estágio mais concreto do conhecimento, a tendência inevitável de estabilizar a representação das coisas em imagens constantes e de certa forma normativas, nas quais a variabilidade dos aspectos sob os quais elas se apresentam no campo perceptivo seja reduzida a uma estrutura fixa, mostra uma diferença entre a criança e o adulto. O adulto consegue muito melhor ter do mesmo objeto apenas uma única imagem, seja qual for a variabilidade de seus aspectos. Esta imagem tem um poder de compreensão muito maior, ela se torna capaz de absorver todos os modos percebidos ou eventuais do objeto. Na criança, pelo contrário, subsiste uma espécie de descontinuidade entre as diferentes imagens de uma mesma realidade. Estas são, ao mesmo tempo, mais múltiplas e mais estáticas. A identificação se faz por blocos isolados, sem capacidade de transformar as imagens umas nas outras e reduzi-las entre si.

Daí resulta que as representações da criança são muito mais rígidas, menos adequadas e, em certo sentido, mais abstratas. Incapaz de adaptá-las à variabilidade dos aspectos que o objeto assume, a criança contrapõe muitas vezes aquilo que ela sabe sobre o objeto àquilo que ela vê do objeto. Por isso, diversos autores aplicaram às representações a distinção feita por Luquet, a propósito dos desenhos da criança, entre o realismo intelectual e o realismo visual. A criança desenha os objetos não como ela deveria vê-los, mas como ela os conhece. De uma casa a criança alinhará sobre o mesmo plano dois ou três dos seus lados, ao passo que estes necessariamente se encobrem; ou então ela representa aquilo que a casa contém, como se as paredes fossem transparentes. Muitas vezes, aliás, ela se limita a justapor os elementos do objeto, à medida que ela os lembra, ora no interior, ora mesmo no exterior de seu contorno: por exemplo, lado a lado num mesmo rosto um olho de perfil e um olho de frente, ou então a corrente de uma bicicleta ora à direita, ora à esquerda, ora embaixo das duas rodas. O realismo visual, pelo contrário, consiste em representar a coisa tal como as leis da perspectiva podem apresentá-la ao olhar. Segundo Piaget, o realismo visual e o realismo intelectual coexistiriam na criança, um no plano sensorial, onde ele corresponderia aos dados da experiência, e o outro no plano da representação mental, ao qual esses dados só têm acesso com um atraso devido à lei da decalagem, já que as operações mais difíceis da mente só chegam sucessivamente ao mesmo estágio das mais elementares.

A assimilação do plano sensorial ao plano onde a experiência já seria totalmente realizada é sem dúvida um pouco simples demais. A inteligência prática, que se manifesta no plano sensorial ou plano sensório-motor, mostra-se com efeito muito diversa, na criança e nas diferentes espécies animais, conforme a complexidade das combinações que ela é capaz de realizar. As relações geométricas ou mecânicas que ela emprega não são um dado bruto de seu contato com as coisas. Estão ligadas a uma capacidade de constelação e de organização mental, cujo nível se eleva do animal ao homem e muda de acordo com os indivíduos. Toda estrutura efetuada entre partes do campo sensorial já é um ato de inteligência. Não é possível, portanto, tratar o domínio dos sentidos como o terreno onde estariam incluídas todas as relações que mais tarde será permitido ali descobrir através de análise e colocar em fórmulas intelectuais. O campo sensorial modifica-se com a capacidade de estruturação de que dispõe o sujeito agente e pensante.

Mas isto não significa que este campo seja uma construção da mente, nem que a realidade seja uma projeção do pensamento. Em todo o processo das reações práticas ou da evolução mental, as constelações intelectuais estão subordinadas à estrutura real das coisas. Sendo estas constelações, desde as mais elementares até às mais especulativas, o meio de agir sobre as coisas, é preciso que, caso sejam inadequadas, elas se modifiquem e que, caso insuficientemente adequadas, elas se precisem e se refinem. É precisamente o que se pode observar na criança, que aborda o mundo com uma bagagem de esquemas inicialmente demasiadamente parciais e demasiadamente grosseiros para a variabilidade da experiência e cujo progresso intelectual consiste numa acomodação gradual de suas representações às coisas. Os mesmos graus permitiriam, de resto, distinguir os adultos entre si. Há os que se limitam a estereótipos sejam intelectuais, sejam estéticos, sejam morais e vivem numa rotina feita de coisas imprecisas. São os que nada sabem descobrir, nada sabem inovar num domínio qualquer. São originais, ao contrário, os que melhor sabem reconhecer a desconveniência entre os esquemas aceitos e a realidade.

Sem estes desacordos, que mostram muito bem as oposições entre a realidade e as imagens imperfeitas que a mente dela inicialmente faz, sem esta anterioridade da realidade exterior sobre a consciência, o mundo seria rapidamente uma imagem congelada, como o era aliás nas civilizações primitivas, nas quais as combinações sociais deixavam uma marca dominante nas relações intelectuais com as coisas e nas quais o que reinava sobre a consciência que o homem tinha do mundo eram representações místicas e não representações naturalistas. O ideal era então a tradição, a imutabilidade das fórmulas. Na verdade, as mesmas crenças persistiam há longos séculos. Quando a atividade se orientou mais para o estudo das técnicas que se insinuam na estrutura das coisas é que ocorreram mudanças rápidas nas concepções do homem.

A oposição entre o realismo visual ou sensorial e o realismo intelectual não pode, portanto, ser confundida com a oposição entre uma experiência em si e uma demora em concebê-la em toda a diversidade de seus aspectos e de suas relações. É a partir do plano sensório-motor, onde se desenvolve a atividade prática, que pode haver pobreza ou riqueza das relações utilizadas, fixidez ou renovação apropriada das condutas, simples automatismo e rotina ou invenção. A esquematização estereotipada do realismo intelectual tem seu equivalente no campo das reações sensório-motoras.

A oposição está em outro lugar. Se, nos desenhos da criança, o realismo visual segue muitas vezes de longe o realismo intelectual, não se deve imputar isso ao fato de que só então a criança se tornaria capaz de representar-se as coisas sob seu aspecto verdadeiro. Ela deve antes ter aprendido a imobilizar, a discernir cada aspecto momentâneo entre todos aqueles que seus olhos lhe apresentariam à vontade. É preciso que sob esta imagem a criança tenha consciência de poder colocar toda a realidade, toda a significação das coisas, sem deixar-se arrastar imediatamente a acrescentar-lhe aspectos complementares. O ponto de partida não é a imagem única. A percepção começa por multiplicar os pontos de vista, por causa das necessidades da ação prática onde ela de início se reabsorve. Após ter mentalmente percebido a identidade do objeto sob todos os seus aspectos possíveis é que se torna possível reconhecê-lo sob uma forma acidental, atribuindo-lhe embora suas constantes perceptivas, que são um fato de conhecimento. Longe de confundir-se com as fontes espontâneas da sensibilidade e da experiência, o realismo visual supõe uma capacidade já desenvolvida de seleção, de identificação e de simbolização.

No estágio do realismo intelectual a criança teria dificuldade de copiar o objeto. Ela o desenha de memória ou antes de acordo com certos esquemas muito simplificados e mais ou menos estereotipados. Ela o descreve à medida que evoca seus detalhes, num inventário mais fortuito do que sistemático. Colocada diante do objeto que ela deve reproduzir, a criança já não o olha mais desde que se deu conta do "motivo"; e ela o descreve conforme seus recursos lhe permitem traduzir aquilo que ela tem na mente, substituindo-os, aliás, muitas vezes tanto ao modelo mental como também ao modelo objetivo. A comparação entre a transcrição gráfica e o modelo percebido supõe, com efeito, uma capacidade já complicada de desdobramento e de controle. Quando a transcrição chega a ultrapassar os simples procedimentos convencionais e já tende a uma representação efetiva do objeto, ela se prende de início a seu aspecto ortoscópico, que corresponde melhor à sua estrutura de uso. Pois ainda é difícil para a criança perceber a equivalência entre esta estrutura-tipo e todas aquelas que podem gravitar em torno dela. Por fim, a criança procede por simples justaposição: as fachadas da casa são apresentadas lado a lado, na ordem de sucessão em que ela as rememora. O mesmo acontece com os objetos que a casa contém ou com as partes do rosto. Seu agrupamento não corresponde às suas relações locais, não constitui uma estrutura, mas é muitas vezes determinado pelo lugar que resta preencher no papel.

Portanto, na criança, o realismo intelectual é uma forma ainda rígida, mais ou menos dispersa e estereotipada da representação. Já supõe, sem dúvida, uma integração entre suas impressões sucessivas, mas é uma integração que as absorve, sem estar em condição de conferir eventualmente a cada uma seu significado. Esta integração neutraliza as diferenças entre as impressões, abole sua individualidade. Ela corresponde à necessidade essencial e elementar de reconhecer praticamente a coisa por ela mesma, não em suas relações variáveis. É por tender apenas para isso que ela é incapaz de unificar todos os seus aspectos, quando estes são por demais divergentes. Ela substitui assim a diversidade não só dos aspectos, mas também a própria diversidade das coisas por uma imagem que sua fixidez rígida torna necessariamente convencional. Quando Buehler afirma que a criança não percebe as coisas, mas por ocasião delas percebe suas próprias lembranças, ele exprime em termos inadequados um fato exato. Não se trata, propriamente falando, de lembranças, mas daquele extrato que permite, por ocasião de cada nova impressão, reconhecer o essencial das situações ou das coisas, e que ainda não é ajustável a cada caso particular.

Na realidade, a criança não age de forma diferente do adulto, que começa, também ele, a propósito de cada impressão, por identificá-la com todas as suas experiências passadas. Mas as fórmulas de sua experiência têm, ao mesmo tempo que uma precisão maior, a capacidade de exprimir-se em imagens mais variáveis. A capacidade de identificação amplia-se com a de interpretar as formas, de dar-lhes uma significação.

***

Estas relações entre o realismo intelectual e o realismo sensorial permitem resolver uma outra contradição: a contradição entre o individual e o geral. Qual deles a criança percebe e concebe primeiro?

Certamente a criança vive no concreto, no atual, o que muitos confundem com o puro sensorial. Ela parece mais ou menos incapaz de ir além da impressão presente. Ocupa-a apenas o objeto que vem apresentar-se à sua atividade. Uma verdadeira comparação entre objetos está acima de suas capacidades. Se ela passa de um objeto a outro, é, como disse Stern, por *transdução*, ou seja, unicamente passando de um para o outro sucessivamente. Se ela estabelece uma relação entre eles, é uma relação de ordem puramente subjetiva ou prática, é uma assimilação que depende de suas disposições, de suas necessidades ou de certas impressões entre as quais ela não sabe fazer diferença. Se ela reconhece semelhanças, estas são um simples reconhecimento, no objeto presente, de experiências passadas, mas estas não podem levá-la a classificar o caso atual, entre muitos outros eventuais, no quadro de uma determinada rubrica, de uma categoria. Se a criança estende uma fórmula comum de um objeto para outros, é por *transferência* de uma experiência puramente concreta e prática entre estes objetos. Ela procede por via de *analogia*, ou seja, ela associa como que substancialmente objetos entre si, mas não como exemplares de um conceito ou de um tipo em si mesmo anônimo. Neste sentido ela não percebe senão o particular. *Ela passa do individual ao individual.*

Mas será que a criança é capaz de captar o individual enquanto tal, de distinguir os indivíduos uns dos outros? O que percebe ela realmente do individual, senão precisamente aquilo que a levará a confundir os indivíduos? Em vez de classificá-los, ela os assimilará de maneira mais ou menos grosseira, e apenas os acontecimentos a obrigarão de tempos em tempos a fazer distinções de fato. Assim, a criança começa por chamar todos os homens de "papá", até o dia em que sua expectativa mais previsível dos efeitos habituais for decepcionada, no caso de não ser seu pai. Cada vez que a criança passa de um objeto a outro segundo ela assimiláveis, ela atribui ao novo objeto tudo o que ela sabia do primeiro, mas de maneira confusa e de tal sorte que ela pode ou acrescentar ao segundo alguma coisa que não está nele incluída, ou esquecer diante dele alguma coisa que fazia parte do primeiro. Assim, acontece que a criança chega, ao mesmo tempo, a evitar contradições e a iludir-se, ou a "inventar", como geralmente se diz. Na verdade, ela se limita então a não eliminar do novo objeto aquilo que não lhe pertence, mas vem de experiências anteriores. A criança nada mais faz, em suma, do que completá-lo indevidamente, quer segundo algum hábito anteriormente adquirido, quer sob a impressão de uma estrutura bem definida, de uma estrutura-limite, como aquela na qual se fundem todas as suas impressões, enquanto durar sua incapacidade de efetuar as estruturas diferenciais dos objetos que têm alguma semelhança entre si. É neste sentido que as percepções, as ideias da criança ultrapassam o individual; é por não conseguirem ajustar-se a ele com precisão suficiente.

Não há nada aqui que corresponda à oposição entre o geral e o individual. Pois o geral ultrapassa o individual na medida em que o indivíduo pode ser classificado sob uma rubrica claramente definida e, por intermédio desta, ver-se comparado com outros, ou seja, ser eventualmente diferenciado deles. Aqui trata-se, antes, de uma ligação genérica que a sensibilidade ou o pensamento da criança estabelecem entre as coisas, assimilando-as mais ou menos entre si. A semelhança que ela descobre entre as coisas resulta sobretudo de sua própria atividade intelectual, perceptiva ou afetiva. As impressões, os hábitos, as intenções, as experiências que a criança procura nas coisas, ela as transforma na substância comum das coisas. A criança as une na medida em que seus interesses e sua conduta a levam a participar da realidade das coisas de maneira semelhante; na medida também em que ela pode esquecer, no decurso da experiência presente, alguma coisa das experiências anteriores, embora atribuindo-lhe às vezes indevidamente alguma coisa das antigas. A criança não atinge nem o geral nem o individual. Sua imagem das coisas é dominada simultaneamente por suas tendências espontâneas ou adquiridas e pelas circunstâncias do momento. Não é analítica e conceitual. É global e pessoal.

A este conjunto de características é que foi dado o nome de *sincretismo*. O sincretismo contrapõe-se simultaneamente à análise e à síntese, que são duas operações complementares. Não há análise possível sem um todo bem definido. Não há síntese sem elementos dissociados e depois combinados ou recombinados. O benefício da operação é saber exatamente de que é feito o conjunto que resulta da síntese. Todo o esforço do conhecimento ou da lógica tende a esta determinação estrita das partes, fatores e argumentos que entram num objeto, num processo ou num raciocínio. A este duplo movimento de dissociação e de recomposição o sincretismo da criança permanece estranho.

As impressões que a criança deve a cada situação ou a cada objeto formam um conglomerado, onde se misturam os motivos afetivos e objetivos de suas experiências, sem que ela saiba habitualmente distinguir entre os dois. Um destes fatores pode, conforme o caso, predominar sobre o outro, um motivo particular pode eclipsar momentaneamente o resto, embora entre determinadas situações, entre determinados objetos a criança possa estabelecer conexões que têm sentido somente para ela e que o adulto considera extravagantes ou absurdas. O fortuito muitas vezes toma o lugar do essencial, ou melhor, não existe nem essencial nem fortuito, só existe o todo vivido simultaneamente pela criança. Para ela, parece às vezes que tudo está em tudo, que ela pode passar de seja o que for para seja quem for. Mas, inversamente, não há nenhuma medida comum entre objetos ou entre situações. São conjuntos através dos quais a consciência e a conduta da criança pode, sem perceber, transformar-se à medida que ela passa de um ao outro.

Uma das consequências destas variações desconhecidas é que a criança tem apenas uma ideia confusa das mudanças próprias das coisas. Ela vive numa espécie de metamorfose difusa e contínua, que explica em parte sua facilidade em admitir as metamorfoses dos contos. A passagem radical do outro para o outro é, da mesma forma que a redução global ao mesmo entre eventuais diferenças, incompatível com a verdadeira noção de mudança, que supõe a estrita identificação daquilo que é idêntico, ao mesmo tempo que a percepção das diferenças graduais e específicas. São necessários termos fixos, balizas e, para começar, é necessária a fixidez do próprio sujeito em relação àquilo que ele observa ou àquilo que ele compara. Ora, a criança se modifica à medida que ela passa de uma experiência ou de uma observação a outra.

Acreditando-se fixa, a criança acredita na fixidez de tudo. Suas representações têm, cada qual, algo de absoluto e de estático. Metamorfose e fixismo: os dois são intercambiáveis.

***

Para sair desta consciência exclusiva e global que inicialmente ela tem de cada situação no momento em que ela a vive e a imagina, para desvencilhar do objeto a representação, para articular entre si as circunstâncias que ela encontra confundidas, a criança experimenta dificuldades que ela sem dúvida tem em comum com as primeiras civilizações, mas que não é fácil imaginar, porque não é possível formulá-las senão utilizando os termos com cuja ajuda, precisamente, elas foram aplainadas. Estas dificuldades seriam inexprimíveis se o problema não estivesse supostamente resolvido. Mas a criança tem sobre o primitivo a grande vantagem de que a solução está ali pronta, para o instante em que a maturação de suas aptidões intelectuais lhe permitir se servir dela.

Destas dificuldades, uma das mais evidentes no comportamento da criança, e que já pode dar lugar a alguns exercícios propostos pelo adulto, é a distinção entre o um e o múltiplo. Esta distinção supõe a individualização, na complexa massa das impressões e das coisas, em sua sucessão indefinida, daquilo que deve constituir a unidade, daquilo que deve ser suscetível de acrescentar-se a si mesmo repetindo-se. Ora, a percepção não apresenta senão conjuntos, que devem justamente à sua estrutura unificante o serem percebidos. Mesmo uma quantidade atualmente dada como tal começa por ser percebida em sua totalidade qualitativa. A numeração dos primitivos mostra que, antes de ser arrolada unidade por unidade, uma soma é primeiro decomposta em grupos, que têm cada qual seus meios de representação e propriedades em parte aritméticas e em parte místicas. São os conjuntos-números de Lévy-Bruhl. Sua existência não se funda em crenças apenas, mas também nas necessidades da intuição perceptiva e intelectual. E será preciso resolver sua heterogeneidade inicial para encontrar enfim a unidade, esta abstração sempre semelhante a si mesma, sejam quais forem as combinações numéricas em que entrar.

À distinção entre o uno e o múltiplo assemelha-se a distinção entre a *parte* e o *todo*, que supõe a capacidade, ora de reunir numa realidade nova aquilo que inicialmente a experiência prática, sensível ou intelectual apresentava como esparso e sem coesão, ora inversamente de descobrir no que se apresentava como global, sem partes distintas nem dissociáveis, elementos justapostos ou articulados entre si. Estas duas operações contrárias parecem muito bem estar mutuamente condicionadas; mas, se houvesse prioridade de uma sobre a outra, é à segunda que essa prioridade caberia. A criança se mostra, com efeito, muito mais capaz de separar os elementos de um todo que lhe é dado de uma vez, do que de reunir aquilo que sua experiência a levou a encontrar separado e de fazer disso deliberadamente um agrupamento novo. Mas fragmentar um todo não pode levar à concepção das partes senão com a condição de já saber manter presente a noção do todo. E a dificuldade se inverterá mais tarde, quando a criança deverá, não mais subtrair concretamente de um objeto ou de um grupo suas partes, conservando embora a imagem do conjunto, mas imaginar abstratamente o conjunto e confrontar com ele as partes a lhe serem subtraídas. Nas capacidades aritméticas da criança a adição precede de longe a subtração, mas em seu manuseio das coisas a parte se destaca do todo antes de ser acrescentada a outras para constituí-lo.

Uma outra dificuldade já suposta pelas precedentes, mas que as prolonga, é a dificuldade levantada pela comparação entre o *idêntico* e o *diverso*. Antes de poder decompor e recompor uma realidade, é necessário ter sido capaz de identificá-la, ou seja, é necessário saber distingui-la daquilo que não é ela. Inversamente, aliás, este trabalho de decomposição e de recomposição desenvolve a faculdade de identificação; leva a reconhecer aquilo que é não só distinto, mas semelhante e mais ou menos semelhante. Operando no plano das realidades práticas e sensíveis, ele põe em evidência conveniências e desconveniências de fato, mas a interpretação qualitativa destas abre um processo muito vasto de definição e de classificação.

Ainda mais elementar parece ser o problema do mesmo e do outro, que a consciência evoluída do adulto consideraria de bom grado como inexistente, já que o princípio de identidade é o próprio postulado do pensamento. Este problema apresenta, pelo contrário, uma dificuldade muito árdua à criança; com efeito, para ela nem o individual nem o objeto como tais são um dado primeiro, mas suas tendências, suas necessidades, seus hábitos a levam a perseguir ou acolher indistintamente tudo quanto é suscetível de lhes convir. A margem de confusão pode permanecer muito ampla, enquanto não sobrevierem circunstâncias que a obriguem a uma escolha mais estrita e mais discriminativa.

A distinção entre o mesmo e o outro é necessária à identificação de todo objeto. Ela supõe a capacidade de distinguir entre a coisa e suas qualidades, de classificá-la entre outras coisas segundo o grau ou a variedade de suas qualidades, de ver variar suas qualidades ou seus graus sem perder de vista sua identidade. Acontece que a criança é incapaz disso. Ela gosta de atribuir a cada objeto uma realidade em si, enquanto não sabe distingui-lo de outros objetos mais ou menos semelhantes, e chega a fragmentar o mesmo objeto em vários se ela o encontra ou se deve imaginá-lo sob aspectos diferentes. No entanto, o mesmo e o outro parecem ter sua fonte numa distinção muito mais primitiva: a oposição espacial entre *aqui* e *alhures*. Constitui uma etapa, para a criança pequena, o momento em que ela aprende a reparar que um objeto desapareceu e a procurá-lo, sem se deixar distrair por outros, na direção onde ele desapareceu. É um progresso semelhante que deverá ocorrer no plano da representação para que o objeto conserve sua identidade entre os outros, apesar de suas alternativas de variabilidade ou de inexistência perceptivas.

Considerar todas estas noções como dados a priori e indiscutíveis é recusar-se a conhecer os conflitos dos quais surgiu o pensamento e que se impõem à criança e estimulam seu esforço. Quando, com o cálculo, ela aprende como que a gramática das relações sobre as quais repousam a existência das coleções, seu aumento e sua diminuição, a existência do todo e das leis de sua composição ou de sua decomposição, em outras palavras, sua estrutura numérica, é porque a criança já resolveu concretamente o problema do uno e do idêntico. Ela já resolveu, pelo menos sob sua forma mais simples, contradições essenciais, pois elas são suscetíveis de reaparecer quando se tratar de operações mais complexas e de objetos mais abstratos.

É preciso saber reconhecer os diferentes aspectos das contradições contra as quais esbarra a mente da criança, quando ela se entrega ao laborioso trabalho de identificação e de classificação através dos dados da experiência. Identificar a unidade, ou seja, isolá-la do conjunto em que foi percebida e no qual sua existência era confundida. Identificá-la como unidade distinta em lugar da unidade global, e desconfiar ou descobrir que ela própria é um conjunto. Identificar o objeto com ele próprio, quando ele muda: identificar a mamadeira vazia e a mamadeira cheia; reconhecer que se trata do mesmo leite, embora seja objeto de desejo quando a criança está com fome e de rejeição quando ela está saciada. Entre as variações contínuas que traduzem as disposições modificáveis da criança, a diversidade dos objetos, as transformações do mesmo, perceber ao mesmo tempo a identidade persistente de cada coisa e a generalidade possível de cada traço específico.

A capacidade de superar tantas contradições supõe a capacidade de atribuir aos objetos e às suas propriedades uma existência de certa forma superior e anterior àquela que é momentaneamente experimentada pelo próprio sujeito ou por qualquer outro. É preciso ter-se tornado capaz de refazer a síntese entre o objeto e suas propriedades, após tê-los contraposto. Os prolongados tateamentos e ilusões da criança mostram o quanto esta operação supõe de experiências e de maturação mentais. À realidade tal qual lhe é dada vivê-la, a criança deve saber contrapor a imagem desta realidade. Substituição que não se faz sem choques nem contradições. Por sua natureza, a representação é oposta àquilo que ela, no entanto, tem a função de exprimir e de traduzir. Ela abre para a criança toda uma nova série de oposições a resolver.

3

As condições elementares do pensamento discursivo

As oposições entre a inteligência prática e a inteligência discursiva não as impedem de ter certas condições comuns. Mas este fundo comum, transposto para seus respectivos planos de atividade, não lhes evita os conflitos e as contradições. A linguagem, sustentáculo necessário das representações, pelo menos quando elas devem ordenar-se livremente entre si para levar-nos a ultrapassar os dados imediatos e atuais da experiência, o que é a própria condição do pensamento e do conhecimento, supõe um certo poder de intuição espacial. A inteligência prática é, também ela, tanto mais desenvolvida pelo fato de fundar-se sobre uma aptidão mais ampla de captar relações geométricas ou posições entre objetos compreendidos simultaneamente no campo da percepção.

Em todo movimento ordenado o espaço está implicado com a sequência dos lugares onde o movimento se desdobra. Esta ordem, segundo Piéron, está inscrita no sistema nervoso. As localizações diretoras que correspondem aos reflexos resultam de conexões anteriores a toda experiência, a todo aprendizado. O movimento, a menos que seja incoerente, supõe com efeito uma organização elementar, que possa ser harmonizada, por intermédio das excitações a que corresponde, com a organização das coisas entre as quais ele se desenvolve. O próprio fato de não haver concordância sem aprendizado supõe no movimento uma topografia intrínseca e fixa que seja capaz de ajustar-se à topografia do meio. Estas estruturas localizadoras competem a todo ser dotado de atividade motora, algumas vezes sem dúvida sob formas extremamente elementares, como nas reações chamadas tropismos; outras vezes, pelo contrário, sob formas muito complexas, como nos automatismos diferenciados apresentados pela conduta das espécies superiores. No homem em particular, a implicação de uma ordem espacial no próprio movimento é posta muito bem em evidência pelo distúrbio que sua execução sofre se esta ordem é imaginada, em vez de ser entregue à sua realização espontânea. Reaparecem então todas as dificuldades do aprendizado: por exemplo, no pianista que procuraria repentinamente representar-se os deslocamentos dos dedos sobre o teclado.

Entre o espaço imaginado e o espaço motor pode haver passagem, mas também oposição: sua realidade é distinta. O aprendizado de gestos novos parte de sua configuração visual, mas só se conclui depois de sua distribuição ótica ser substituída por uma distribuição dinâmica, cujas realizações e formas obedecem a influências musculares e a ritmos que as fazem diferir gradualmente de seu protótipo-imagem. Longe de serem idênticos ou de coincidirem exatamente, os dois campos têm algo de heterogêneo que os põe facilmente em conflito. No caso dos automatismos espontâneos, são as estruturas miopsíquicas que precedem a representação. A criança pequena que procura o equilíbrio teria muita dificuldade em representar-se os gestos a fazer para restabelecê-lo. A regulação dos gestos supõe justamente sua subordinação exata às relações entre o espaço e o corpo; mas o espaço lhe é dado então mais pelo labirinto do que pelos olhos. Inversamente, é a referências visuais que se resumirá sempre mais aquilo que poderíamos chamar de espaço objetivo, ou seja, o espaço onde o sujeito pode contrapor a si mesmo o mundo exterior e que ele pode transformar em ponto de partida para seu conhecimento das coisas.

Está aqui o limiar entre a atividade psicomotora e a atividade mental: dois planos distintos embora em necessária relação. "A passagem de um ao outro parece acontecer no instante em que a noção do espaço, cessando de confundir-se com o espaço de nossos movimentos e do nosso próprio corpo, parece sublimar-se em sistemas de lugares, de contatos, de posições e de relações independentes de nós. Os graus desta sublimação vão do mais concreto ao mais abstrato e estão na base dos diferentes esquemas com cuja ajuda nossa inteligência pode classificar e distribuir as imagens concretas ou os símbolos abstratos sobre os quais ela se torna capaz de especular"[3].

---

3. WALLON, H. Congresso de Psicologia de Paris, 1937. Vol. dos *Comptes Rendus*, p. 131.

Com a inteligência prática, o espaço já se exteriorizou em parte. Ele vai além do esquema dinâmico do próprio corpo. Mas se este estende seu raio de ação a relações entre objetos que são independentes de nós, é no entanto estritamente àquelas relações que, integrando-se aos nossos movimentos, lhes permitem chegar a resultados que ultrapassariam seu alcance natural. Já aparecem então sistemas de movimentos que precisarão modificar-se em função das relações percebidas entre as coisas. Estes movimentos podem tornar-se totalmente diferentes dos gestos espontâneos de apropriação direta e transformar-se em cadeias de operações que serão comandadas tanto pelo instrumento ou pelo estratagema quanto pelo objetivo. No entanto, a intuição espacial não é ainda a intuição das relações entre objetos considerados em si mesmos. Ela está sempre implicada nos movimentos a executar; os instrumentos permanecem como que incorporados aos gestos e nada mais são do que seu prolongamento.

Diferente do espaço objetivo é também a intuição espacial subjacente à linguagem. É esta intuição espacial que permite distribuir as partes do discurso em sua ordem de sucessão. Também ela não existe por si mesma. Ela permite apenas prever a ordem correta das partes por uma espécie de evocação simultânea, cujo fundamento só pode ser uma justaposição, ou seja, o espaço. Mas esta distribuição é efetuada sem ser percebida, salvo em caso de dúvida ou de dificuldade, quando é preciso, por exemplo, pronunciar um nome pouco familiar, ou quando, tendo falhado o automatismo habitual, é preciso corrigir-se.

Mas esta intuição já é de um nível superior à intuição suposta pela inteligência prática. Com esta, por mais complexos que possam tornar-se os problemas a resolver, é no plano da percepção que são dados os elementos da constelação da qual brotará a solução. É ainda uma percepção totalmente subordinada aos movimentos capazes de modificar a situação para fazê-la coincidir com o resultado procurado. Se acontecem relações novas, tudo se passa no plano concreto de relações e capacidades atuais. Quando, pelo contrário, se trata da ordem a pôr entre os elementos sucessivos do discurso, a intuição que a cada instante é seu suporte nada tem de perceptivo. Ela só pode ser mental, e seu nível pode ser medido pelo fato de que animais que já possuem uma inteligência prática bastante desenvolvida ainda não conhecem senão signos ligados imediatamente à situação presente e não sabem construir uma linguagem que tenha sua estrutura própria e que seja independente das reações suscitadas imediatamente pela coisa experimentada no momento.

A intuição própria da linguagem não tem balizas atuais no mundo exterior. Ela se desenvolve num plano de iniciativas puramente abstratas. Os distúrbios que correspondem aos distúrbios dela no plano do espaço exterior dizem respeito também à ação. Não atingem a capacidade de reconhecer as relações efetivas das coisas entre si, mas a de colocar um objeto numa posição prescrita, no momento exato aliás em que a prescrição é a mais concreta possível. A inaptidão, nos dois casos, é inaptidão para agrupar ou dispor segundo uma ordem determinada.

Embora pertencente a um nível superior de evolução, esta intuição é reabsorvida no automatismo da linguagem desde que a palavra se torna corrente, ao passo que com a inteligência prática as combinações se renovam e ocorrem constelações novas entre estruturas perceptivas e estruturas motoras. O dispêndio de habilidade que estas invenções exigem pode, portanto, parecer muito maior do que no exercício da palavra. Mas o que se deveria comparar com este exercício não é o emprego de expressões já banais e estereotipadas, mas é a aquisição da linguagem pela criança, são suas tentativas de formar as palavras e utilizar a sintaxe, são, no próprio adulto, os esforços que ele pode tentar para distribuir num quadro apropriado de proposições ou de ritmos a lógica ou as imagens de seu pensamento.

**

Implicada no automatismo da linguagem e posta eventualmente em evidência por suas insuficiências próprias, a intuição espacial é igualmente necessária ao jogo normal das representações, como mostram aqui também certos distúrbios da sua função, que as fazem regressar até às dificuldades de sua primeira instauração e que mostram as contradições que elas precisaram superar. As ideias fixas e obsessivas são um caso-limite que pode servir de exemplo.

As ideias fixas e obsessivas foram, sem dúvida, explicadas de maneira bastante diversa. Para uns, elas são o resultado de um distúrbio afetivo que perturba a atividade psíquica, de uma angústia que impõe a presença de certas imagens. Eles invocam a inquietude do obsessivo e o alívio apenas provisório que ele pode experimentar quando lhe acontece satisfazer sua obsessão por um ato apropriado ou então contorná-la por um procedimento derivativo ou de defesa. Outros insistiram mais no lado intelectual da obsessão, na ruminação mental que a acompanha, nos temas representativos que ela desenvolve, na preponderância dos temas ideéticos que a constituem.

Ligando-a à psicastenia, P. Janet define a obsessão como uma regressão da atividade mental. Em vez de uma conduta que corresponda efetivamente às circunstâncias, às necessidades e aos fins da vida real, ocorre uma agitação que, no plano intelectual, assume a forma de ideias que se manifestam por si mesmas com uma intemperança irredutível e monótona. A esta explicação mecanicista Freud contrapõe a de uma motivação. A obsessão seria a satisfação desviada e camuflada de certos desejos. Seria um meio de as pulsões do inconsciente, reprimidas pela censura, encontrarem no entanto acesso à consciência, sob a aparência de representações ou de práticas que lhe mascarariam o significado real.

Cada uma destas teorias contém uma parcela de verdade. Pode ser, com efeito, que as obsessões tenham um caráter simbólico, e é precisamente nesta medida que elas pertencem à atividade ideológica sob sua forma primitiva, que não é lógica, mas antes imaginativa, e na qual as representações se combinam entre si por laços afetivos de afinidade e de contraste ou, simplesmente, segundo as circunstâncias próprias da vida pessoal do sujeito. Não há dúvida que as obsessões vêm acompanhadas de inquietude e às vezes de intensas reações emocionais. Mas, em sua forma e em seus efeitos, as obsessões pertencem à vida intelectual. Elas são um equivalente ideológico da afetividade. Marcam o instante em que os afetos tomam pé no plano da ideação, mas mantêm ainda as ideias sob sua estreita dependência, o que explica a oscilação que se observa nos obsessivos entre suas reações afetivas e suas reações ideológicas: o frequente eclipse de umas pelas outras. Nesta perspectiva, as obsessões corresponderiam justamente a um estado de regressão. Não deixariam de ter analogia com um estágio infantil do pensamento, no qual, encontrando-se a consciência continuamente na alternância entre as imagens que correspondem a certas aspirações e essas mesmas aspirações, essas imagens, em vez de poder desenvolver-se ideologicamente, persistem ou se extinguem *in loco*.

Como aliás acontece com as representações da criança, as representações do obsessivo apresentam certos traços que as põem em conflito com as exigências da experiência comum e, em particular, com os dados bem ordenados do espaço ou com as relações do eu no espaço. Com efeito, a imagem parece suprimir a distância e confundir o objeto com o sujeito. Presente à mente, ela parece presente ao próprio indivíduo. Aquilo que permitiria a diferenciação, a intuição de um meio que se interporia entre a própria imagem e seu motivo exterior, foi anulado. Certo obsessivo, por exemplo, não pode encontrar um cortejo fúnebre sem sentir-se literalmente tocado por ele, como se ele experimentasse um contato físico com o morto. Ao mesmo tempo, ele interpreta esta impressão, que não pode corresponder a nenhuma realidade inteligível, sob forma de uma relação com sua própria vida ou com a de seus parentes. Poderíamos certamente dizer que o fato primitivo é afetivo e que a impressão local é a tradução metafórica e surpreendente do sentimento experimentado. Mas a distinção não parece fundada na origem da sensibilidade e da ideação. O espaço não é primitivamente uma ordem entre as coisas, mas antes uma qualidade das coisas em relação a nós mesmos e, nesta relação, é grande a parte que cabe à afetividade, à pertença, à aproximação ou ao evitamento, à proximidade ou ao afastamento. Em vez de supor no sentimento do obsessivo uma interpretação, uma transposição, parece mais justo ver nele o retorno a um estado anterior à exata diferenciação entre a impressão e seu objeto, entre o eu e suas impressões.

Outras obsessões apresentam um exemplo ainda mais claro de perturbações nas relações de espaço. O fóbico ou o obsessivo torna-se muitas vezes incapaz de avaliar as distâncias e as velocidades, de tal forma que ele teme efeitos que todas as previsões de ordem espacial tornam impossíveis. Se está para atravessar uma rua e vê um carro vindo, seja qual for a distância em que este se encontre, ele tem a impressão de que o veículo já está em cima dele. É, como vimos há pouco, a confusão local entre o objeto percebido e sua própria pessoa. Por um retorno às sensibilidades mais globais, aquilo que ele vê ou imagina exprime-se também como contato físico. Ele não é mais capaz de situar cada coisa em sua distância espacial verdadeira, nem sobretudo de contrapor ao seu eu sensível os objetos de sua sensibilidade. Não sabe mais utilizar o espaço como um meio diferenciador.

Um outro exemplo ainda mais impressionante é o gênero de fobia ou de obsessão que parece ser o mais fundamental: a fobia que traduz a incerteza de nossa própria estabilidade entre as coisas, de nosso equilíbrio no espaço, chamada também agorafobia ou medo dos lugares abertos. A agorafobia consiste na impossibilidade que o sujeito experimenta de atravessar um espaço livre. Ele sente, no momento de aventurar-se a fazê-lo, uma angústia insuperável, as pernas fraquejam, seu equilíbrio o abandona. Parece que se trata aqui de uma regressão ao estágio de sua primeiríssima locomoção. No entanto, a criança pequena pode muito bem vacilar e cair sem que a angústia acompanhe seus primeiros passos. Pelo contrário, a criança lança-se muitas vezes com temeridade em linha reta para frente. O espaço que a separa do sofá onde ela poderá agarrar-se não é um abismo à beira do qual ela é tomada de vertigem. Na agorafobia há algo que ultrapassa a simples insuficiência motora, e é precisamente a representação incoercível, inoportuna, rígida, rebelde aos ajustamentos da ação. O agoráfobo não tem nenhum sentimento de segurança e só lhe resta ladear o espaço que ele vê estender-se diante dele.

Não seria um distúrbio análogo ao do afásico, que não sabe colocar um objeto a não ser bem nas beiradas do quadro sobre o qual ele trabalha? Do mesmo modo, a criança pequena muitas vezes só é capaz de começar o desenho numa extremidade da folha de papel. Em cada um destes casos, a representação parece condensar-se sobre o objeto ou o acidente concretos; as distâncias vazias perdem toda realidade e, por conseguinte, não podem servir para constituir o suporte comum que permitiria identificar e medir as posições respectivas dos objetos entre si e em relação ao sujeito. Trata-se, numa palavra, da incapacidade de perceber o terreno onde devem ordenar-se as coisas ou os atos. A única diferença entre o afásico e o agorafobo é que para o primeiro as relações abolidas são as relações já objetivadas e o segundo começa a duvidar de sua própria posição, e daí o distúrbio dos automatismos que a regulam. Tomada em consideração a diferença entre a atividade objetiva e a atividade subjetiva, a dificuldade, nos dois casos, consiste em distribuir os atos e os objetos no espaço, por incapacidade de imaginar o espaço vazio, ou seja, o espaço como simples sistema de pontos de referência entre os objetos da percepção ou entre nossos movimentos e o meio. É no plano da representação, de resto, que tudo isso acontece: os embaraços do fóbico estão ligados à intervenção indevida da representação nos automatismos.

O princípio desta dificuldade não escapou aos primeiros pensadores que procuraram como podiam harmonizar-se realidade e representação. Foi justamente a propósito de um obsessivo que Chaslin e Meyerson puderam lembrar as famosas antinomias dos eleatas. É impossível, diz Zenão, que a flecha lançada no espaço atinja jamais seu objetivo, porque entre cada uma das posições sucessivas da flecha e o objetivo existe uma infinidade de posições sucessivas que ela precisaria de uma infinidade de movimentos sucessivos para transpor. Ou seja, a divisibilidade sem fim do espaço e do tempo torna impossível todo movimento. E, por outro lado, como imaginar o deslocamento da flecha se é preciso que a cada instante ela ocupe um certo lugar com exclusão de qualquer outro? A imagem concreta dos objetos no espaço torna inconveniente sua mudança de lugar, assim como faz a representação em geral para o futuro.

Os outros argumentos de Zenão tendem a uma conclusão semelhante. Por mais pueris que possam parecer, foram discutidos com cuidado pelos filósofos e os matemáticos. Eles vêm a dar na afirmação, que foi retomada por Bergson, de que não se pode recompor o movimento com posições sucessivas, nem construí-lo com imobilidade; ora, a representação delimita o ser e o imobiliza. Lógicos, mas absurdos em relação à experiência, estes argumentos deviam, para Zenão, demonstrar a unidade do ser, ou seja, representá-lo como escapando a toda relação, a toda divisão, a toda distinção. Este é o ser global que pode existir para um pensamento ainda inapto ao manuseio das categorias intelectuais.

Zenão negava-se até a admitir que esse ser global fosse coextensível com o espaço, cuja existência ele julgava inconcebível, pois para todo espaço imaginado é preciso imaginar um limite, que é um espaço cujo limite é preciso imaginar e assim por diante. Hoje, o ilimitado, o infinito se tornaram noções de certa forma usuais, em consequência de uma extrapolação virtual, cujo resultado, aliás, teríamos muita dificuldade de nos representar. Mas esta ideia era totalmente inconcebível, em particular para o pensamento grego, cujo esforço habitual consistiu em reduzir cada coisa à sua forma ou ao seu tipo, em encerrar o universo numa espécie de harmonia bem ordenada.

A dificuldade que Zenão submetia aos homens de seu tempo corresponde muito bem a uma antinomia do pensamento em suas relações com a experiência bruta, que antes de mais nada só se torna pensável com a condição de ser estabilizada, imobilizada, de perder seu devir e seu movimento, de ser subtraída à mudança. Pelo menos é este o primeiro ato da representação, quando ela começa a ser analisada. É o efeito que se observa ainda no obsessivo, cujas representações retomam uma espécie de intemperança primitiva, e na criança. Estas representações impõem suas próprias características às coisas. Elas imobilizam o objeto no espaço, reduzem o espaço aos objetos que ele contém, procuram distinguir entre o sujeito que pensa e o objeto pensado, mas limitam-se a justapô-los, chegando até às vezes, ainda, a fundi-los. Pensamento sincrético, e sempre subjetivo, que as categorias ainda não penetraram.

***

A criança é incapaz de não identificar com o próprio objeto as circunstâncias ou particularidades, que são justamente aquilo que permite vê-lo ou concebê-lo, mas que não lhe pertencem exclusivamente, e que forneceriam o meio de classificá-lo entre outros objetos, por exemplo sob o ponto de vista da dimensão, do peso, da cor etc. Cada uma destas qualidades é bem sua evidentemente, e apenas o conjunto delas faz o objeto existir para nós; mas elas são ao mesmo tempo algo relativo. Elas podem servir para compará-lo, defini-lo, situá-lo, e constituem escalas que permitem pô-lo em relação com outros objetos cuja semelhança-diferença pode limitar-se a apenas uma delas. São suscetíveis de serem elas próprias analisadas mais sutilmente, tornando assim a comparação ao mesmo tempo mais exclusiva e mais extensa: a cor pode ser reduzida a graus de nuança, de saturação, de brilho, que permitem por sua vez compará-la com outras cores, ou seja, classificar por meio dela categorias ainda mais extensas de objetos. Mas o próprio objeto não é apenas diferente de outros objetos no tocante a estas qualidades: ele pode tornar-se diferente daquilo que ele era, mudar de volume, de peso, de tonalidade. É isso que mais pode desorientar a criança em seu esforço por identificar as coisas, porque ela ainda é prisioneira de suas representações, de suas imagens-definições, cuja natureza é serem estáticas.

Toda representação tende a um limite estrito e absoluto, assume uma espécie de fixidez esquemática, quando ela ainda não é ou quando deixou de ser arrastada no curso de um pensamento ativo e capaz de adaptar-se à diversidade dos objetos, de modificar-se segundo seus objetivos. Também aqui o caso da criança pode ser ilustrado pela patologia. Após um período de depressão, que havia suspendido o livre movimento de suas ideias, uma doente de Wimmer relatava que as qualidades das coisas lhe haviam aparecido como rigorosamente conformes à sua essência. O céu era absolutamente azul, como em certas gravuras; as flores eram de uma regularidade esplêndida. Apagando-se as contingências da imagem e os graus da sensação, cada objeto tinha como que uma qualidade específica e invariável. O mar é azul, a terra é escura, a casa é branca, sem atenuação e como que por definição. As imagens que agradam à criança são as que apresentam esta simplificação esquemática. Devem ser as que melhor correspondem à sua representação das coisas.

No entanto, toda imagem, toda sensação fazem parte de um conjunto, não existem senão numa estrutura. Uma cor é percebida por contraste sobre um fundo neutro; duas cores são diferenciadas em razão da relação que faz delas uma estrutura única. Inicialmente acentuado, grosseiro, o contraste refina-se progressivamente, sob a influência da maturação funcional segundo Koffka, e também do exercício, da experiência. Assim, a graduação qualitativa se torna cada vez mais sutil. Ela permite uma diferenciação mais precisa das cores, dos sons, das formas. Ao mesmo tempo a qualidade deixa de ser a de um objeto particular para tornar-se "categorial".

Entram desde logo em jogo dois processos inversos, mas solidários. Por um lado, decompor os objetos em coleções de variáveis, para designar a cada um seu lugar entre os outros, na rede das denominações ou dos signos, na rede das causas e dos efeitos. Por outro lado, atribuir ao objeto qualidades constantes: suas dimensões, sua forma, sua cor, sua individualidade. Influências subjetivas intervêm sem dúvida na fixação de seus traços essenciais. Estes são em parte relativos às disposições afetivas do sujeito, às suas aptidões práticas. Revisto na idade adulta, um objeto conhecido na infância pode surpreender pela diferença entre a impressão presente e a lembrança conservada. Não obstante, a crença em sua permanência intrínseca continua inabalada, se ele é daqueles objetos cuja natureza é não mudar.

Reconhecer a forma própria de um objeto é reduzir a uma espécie de cânone a variabilidade dos aspectos sob os quais ele pode apresentar-se. Esta forma é identificada com o aspecto ortoscópico do objeto, ou seja, com a visão que dele daria sua orientação exatamente perpendicular à linha do olhar. Segundo Buehler, esta imagem seria, no plano sensível, o equivalente de um conceito. Seria um produto da memória, cujas impressões se sobreporiam em consequência da incapacidade em que a criança se encontra de contrapô-las entre si, de distinguir das imagens precedentes as que ela experimenta atualmente. Mas este confundir numa só imagem as imagens sucessivamente registradas não explica a forma privilegiada que as resume. Koffka, com efeito, chama atenção para o fato de que, entre todos os aspectos da coisa, sua visão ortostática é ao mesmo tempo fortuita e rara. Se esta prevalece sobre as outras é porque ela se reduziria a uma estrutura particularmente simples e fácil de captar. Na concorrência entre as impressões dadas pelo objeto, é favorecida aquela impressão que se confunde com uma forma regular. O próprio adulto, se não for competente na arte do desenho, representa uma cadeira colocando o assento e o espaldar em ângulo reto.

Isto é sem dúvida atribuir demais à simplicidade ótica. Entre formas geométricas, que são formas-limites, as que a criança reconhece mais depressa são, com efeito, as figuras retangulares. Aqui a contingência e a imprecisão são mais fáceis de eliminar: mais que de uma escolha entre imagens, trata-se de uma redução. Quando a forma é a forma de um objeto concreto, nem sempre é a mais simples que é identificada mais depressa: a criança reconhece de maneira muito precoce o rosto humano, mas o faz muito menos reduzindo seus traços a estruturas simples do que a este algo de inefável que a fisionomia lhe dá. A redução torna-se aqui integração. A percepção é utilitária e realista. Ela é feita para comandar corretamente a ação. Para além das impressões sensoriais e suas estruturas específicas, ela tende a compreender a estrutura de utilização, que ela transforma na estrutura da própria coisa. Ora, a visão ortoscópica é justamente aquela que melhor corresponde à maneira como o objeto é construído e pode ser manejado, remanejado ou encaixado em outros. A necessidade de defini-lo por meio de qualidades constantes tem como razão essencial a necessidade de tomar-lhe as medidas através de nossa atividade e para nossa atividade.

A constância de forma, aliás, nem sempre é estrita. Se o ponto de vista perceptivo se afasta muito do aspecto ortostático, a imagem do objeto será como que uma resultante dos dois e dará lugar a uma forma intermediária. Assim, não se trata nem de uma imagem compósita por sobreposição de clichês, nem de uma imagem selecionada por causa de sua maior simplicidade, mas sim de uma tendência a fazer coincidir os dados perceptivos e as necessidades do ato prático. Quando a distância é grande demais e, provisoriamente pelo menos, irredutível, o ajustamento se altera, é deslocado mais ou menos do objetivo para o perceptivo. Esta imperfeição, que só o uso do próprio objeto ou uma capacidade de integração gradualmente desenvolvida pelo hábito podem conjurar, atesta o processo dinâmico exigido pela redução do objeto a uma imagem estática, constante, única. Na criança o resultado permanece por longo tempo frágil, fragmentário ou ambíguo. O mundo dos objetos não tem para ela a mesma solidez positiva que para o adulto. Permanece impregnado de incertezas e mesmo de ilusões e de fantasmas.

O caso da dimensão constante ou real do objeto é muito semelhante. A uma distância de um metro e de quatro metros, o homem que olhamos parece conservar a mesma estatura, embora de uma distância para a outra a imagem dele em nossa retina tenha sido reduzida em três quartos. Esta independência entre o tamanho aparente dos objetos e o de sua imagem visual não é aliás absoluta, mesmo no adulto. Ao longe um homem parece menor do que ele é realmente e uma vila empoleirada no alto de uma montanha ou vista de um avião aparece inevitavelmente como um brinquedo de crianças. Portanto, é apenas entre determinados limites que se faz o ajustamento entre o percebido e o conhecido. Helmholtz vê nisto um efeito da experiência. Stern invoca uma associação empírica entre impressões visuais e tácteis. Seria necessário evidentemente acrescentar-lhes também impressões motoras e locomotoras. Na verdade, o que intervém é todo o campo da atividade sensório-muscular a serviço da atividade prática. Os objetos adquirem aqui um tamanho constante, porque de outro modo não poderiam desempenhar o papel de objetivos estáveis. A constância de tamanho não existe para a criança pequena senão a uma distância bem pequena.

Mas não é verdade, como afirma Buehler a propósito do gosto da criança pelos contos de gigantes e de anões, que ela seja incapaz de identificar o mesmo objeto sob duas dimensões diferentes. Ao contrário, ela reconhece muito bem as pessoas em fotos mesmo pequenas. A educação retiniana da criança é, na verdade, bastante precoce e acompanha seus exercícios de acomodação em presença de um objeto que vem em sua direção ou que se afasta: já desde os primeiros meses de vida seus olhos aprendem a segui-lo. O espaço próximo, que açambarca sobretudo e mesmo exclusivamente sua atenção, é aliás aquele onde as variações de distância provocam as mais sensíveis variações de tamanho retiniano. Mas identificar a imagem percebida com as imagens retinianas não é repetir, a propósito da dimensão, o erro daqueles que se perguntam como a imagem invertida do objeto na retina o faz ser percebido na posição certa? Este realismo elementar confunde com o ato total da percepção, que é uma investigação com numerosas referências, um elemento isolado artificialmente não só entre o fluxo das impressões continuamente transformáveis multiplicadas pelas relações entre as coisas e nossos órgãos, mas também em seu circuito fisiológico, onde são numerosos os revezamentos e as conexões. A representação é a integração de todos estes processos; ela não é o decalque nem de um deles nem de seu conjunto.

Através da percepção trata-se de reconhecer o objeto, e é ao objeto conhecido que é atribuída uma dimensão. Eventualmente o tamanho pode ajudar no reconhecimento, mas é precisamente porque ele está ligado ao conhecimento do objeto. Quando a criança quer avaliar uma dimensão, fazer-se uma imagem, ela se apega não ao conteúdo momentâneo de sua percepção, mas ao ser que esta lhe revela. Para a criança a percepção não é senão um meio. No entanto, percebida ou imaginada, uma grandeza não tem existência isolada. Não pode ser discernida, identificada, senão numa estrutura, em relação a outras dimensões que façam contraste com ela, ou em relação a um fundo mais abstrato e tornado virtual de dimensões anteriormente delimitadas. É por contrastes grosseiros que a criança começa. Suas primeiras estruturas deparam com os extremos. Ela capta mal os intermediários, não imagina as transições. A criança dificilmente vê a passagem entre ela própria e o adulto. O que lhe parece normal é naturalmente sua própria estatura. O adulto é um gigante, cujas proporções a criança leva ao seu limite. Mas a criança está simetricamente interessada pelo muito pequeno que transforma sua fraqueza em força; ela manipula com paixão os bichinhos.

Esta atração simultânea pelo grande e pelo pequeno corresponde ao estágio em que a criança não possui ainda uma escala contínua, ideal, que lhe permita alinhar os objetos de acordo com suas dimensões reconhecidas ou possíveis. É sua crescente fineza de discernimento entre contrastes cada vez mais sutis que a encaminhará nesta direção. Assim, surgirão grandezas intercalares cada vez mais numerosas. Da oposição qualitativa tenderá a nascer seu contrário: uma progressão com variações imperceptíveis, uma redução ao homogêneo daquilo que era disparatado. Como se trata de dimensões e de volumes, a fusão entre a intuição desta série e a intuição do espaço é manifesta. Mas o processo é o mesmo para séries das quais o elemento espacial pode parecer ausente, séries das cores[4] e dos sons por exemplo, ou mesmo séries mentais.

Do caso particular surge, portanto, seu contrário, a categoria. No começo por diferenciação de estruturas gradualmente mais próximas e mais semelhantes. Mas também por projeção destas diferenças, por mais tênues que sejam, sobre um fundo contínuo e apropriado para reduzi-las. Porque não basta que as diferenças sejam constatadas; devem também ser concebidas como possíveis em toda sua eventual diversidade. É necessária alguma coisa de comum, nem que seja um meio onde dispô-las à vontade. A ordem a reconhecer entre elas deve tornar-se anterior a elas. Ela deve confundir-se com uma capacidade, um poder, uma facul-

---

4. Cf. WALLON, H. *L'évolution psychologique de l'enfant*. Parte III. Paris: A. Colin, cap. IV.

dade. Deve ser uma ordem virtual. É em sua intuição do espaço que o homem parece ter conseguido fazer coincidir a imagem de um meio homogêneo, ordenado, e a de um campo oferecido às suas próprias realizações, à sua capacidade de expansão, ao seu poder de transformar as coisas.

É de uma integração mútua entre sua atividade desenvolvida fora dele e este espaço mental conquistado ao espaço perceptivo, assim como este foi conquistado às experiências sensório-motoras e às estruturas nervosas que lhes servem de trama, e não de uma simples justaposição entre contrastes qualitativos ou estruturas perceptivas, que resulta a aptidão da mente para agrupar, classificar, conhecer. Como tudo aquilo que é representação, as representações da criança imobilizam as coisas. Elas acontecem em blocos isolados, ligadas cada uma a seres particulares, imutáveis. As representações do adulto, pelo contrário, aprenderam a entrar no quadro das categorias.

Conclusão

Procuramos determinar, por uma série de comparações entre atividades diversas, tanto individuais quanto coletivas, como nasce a ideia. Poderíamos sem dúvida ter-nos limitado a notar, no decurso dos progressos realizados pelo comportamento da criança, o momento em que se deve afirmar que a ideia desempenha ali seu papel. Mas então estaríamos reduzidos ao *post hoc propter hoc*, como se a ideia devesse surgir diretamente daquilo que precede e dele proceder por filiação imediata. Mas é preciso levar em consideração o ser em via de realização que é a criança. Seu desenvolvimento biológico não terminou no nascimento. Aparecem funções pelo simples fato de seu crescimento, que deve levá-la a reproduzir o tipo da espécie. Em outras palavras, é preciso deixar acontecer a maturação progressiva de seu organismo e de suas funções. A cada etapa modificam-se como que por si mesmas as estruturas anatômicas ou funcionais, e relações novas nascem das condições de vida que essas estruturas simultaneamente tornam possíveis e sofrem, no meio que elas tornam acessível à criança e que se impõe a elas. Os progressos da criança são o resultado de uma contínua ação recíproca entre suas experiências e o surgimento de fatores que nelas ainda não estavam implicados. Considerado deste ponto de vista, o problema não consiste em ligar cada momento do comportamento ao momento anterior como se este fosse sua fonte, mas em procurar ver se ele nada deve a condições sem relação com a série das experiências anteriormente realizadas.

Para a psicologia tradicional esta questão não existia, já que ela se munia de um elemento primário, a imagem, réplica da sensação, esta mesma uma réplica das qualidades próprias do objeto e que o tornavam imediatamente acessível ao conhecimento. Sensações ou imagens combinando-se entre si para dar lugar à abstração e à generalização, o edifício do conhecimento era elaborado, puramente ideológico e estático, pela sobreposição de noções que se ordenavam entre si conforme estivessem mais próximas das realidades individuais ou fossem capazes de estender-se a categorias mais ou menos vastas de objetos.

Que estas construções não correspondem à realidade da vida mental, provou-o claramente a necessidade que se impôs de seguir seus progressos, seu devir, de reconhecer seus procedimentos. Então a ação foi espoliada de sua anterioridade sobre as outras manifestações da vida mental e remergulhada na atividade total. A atenção voltou-se para o comportamento e as reações do sujeito. As funções motoras passaram, por sua vez, ao primeiro plano. Reviravolta por demais absoluta. Não há movimentos em si como tampouco sensações isoladas. O movimento não se produz sem suscitar efeitos que se tornam causas ao suscitá-lo por sua vez, de modo a despertar, explorar e ordenar as sensibilidades correspondentes: são as reações circulares.

Entre os efeitos ulteriores do movimento há efeitos de dois tipos. Primeiramente, os que se voltam para o mundo exterior e que geralmente ainda são considerados como estando na origem da vida mental. Entre os automatismos de adaptação e as imagens mentais haveria continuidade, como se suas referências a marcos sensoriais, ao multiplicar-se, pudessem fazer passar mecanicamente do movimento à representação. Mas um gesto, ao mesmo tempo que modifica o meio, modifica também aquele que o faz, e é esta a modificação que é captada de forma mais imediata. Abrem-se, portanto, duas orientações na atividade: a atividade voltada para os objetivos exteriores e a atividade sobre si mesmo ou "postural", que tem como meios e como fins as próprias atitudes do sujeito. É uma atividade plástica. Ela está na origem da imitação.

Mas, sob a influência de quais estimulantes ou de quais interesses esta atividade se desenvolve? Na tese dos esquemas motores que se sobrepõem ou se ordenam entre si para chegar enfim a realizar representações, estes se constituiriam por uma espécie de progressão mecânica, cuja utilidade só se revelaria mais tarde. A função postural, ao contrário, traz em si mesma a razão de seus progressos. Ligada inicialmente a toda a atividade motora e sensorial como um fator indispensável de acomodação exata, de apoio e de preparação, ela se torna, mediante o jogo das atitudes, não somente um elo entre os domínios simultâneos e os momentos sucessivos de nossa atividade, mas dá ao próprio sujeito o sentimento de sua coerência atual e de sua unidade realizadora. Ela é a primeira forma da consciência subjetiva, cujo interesse imediato deve consistir em possibilitar um mínimo de coesão íntima e de harmonia entre si e os outros.

A acomodação às atitudes e mais tarde às intenções dos outros é absolutamente necessária para os animais que vivem em grupo. Não há vida gregária possível sem esta assimilação recíproca de suas atitudes por parte dos membros do grupo. É desta necessidade que nascerão as expressões progressivamente mais bem diferenciadas da vida afetiva. A existência em comum foi a matriz das emoções, na medida em que criava entre os indivíduos uma solidariedade de comportamento e, por conseguinte, de atitudes relacionadas com os diferentes tipos de situações.

Foi também daí que nasceu a imitação. Foi necessário, sem dúvida, que ocorresse uma espécie de reviravolta. A acomodação mútua, que era imediata e instantânea, tornou-se integração latente e pessoal de impressões. Foi uma forma subjetiva de repetir as coisas. Acentuou-se, assim, a diferenciação entre o ato de imitação e o real. A imitação concretizou-se como uma capacidade latente, um dinamismo produtor, um modelo em potência que começou por perceber-se apenas em sua realização efetiva, mas que pôde, em seguida, desligar-se dela, para tornar-se representação pura. Não foi mais acomodação aos outros em sentido estrito; tornou-se imitação de cenas e de acontecimentos; tornou-se instrumental; deu lugar aos simulacros, que contrapunham de maneira nítida o signo à coisa.

Também este efeito surgiu de seu contrário, ou seja, da assimilação total entre si e o outro, entre o simulacro e o objeto. Se a imitação pôde resultar do acordo gregário entre os indivíduos, é porque ela própria era um meio de adaptação e de ação. O exemplo dos primitivos mostra a importância prática da imitação. Esta tornou-se a imagem do grupo, de sua homogeneidade, de sua continuidade, de seus ancestrais totêmicos, daquilo que faz o grupo existir e subsistir. Tornou-se isto sob a pressão de circunstâncias vitais para o grupo, que precisava ser levado a agir enquanto tal sobre elas. Foi por causa de sua utilidade para a vida do grupo que se desenvolveram os ritos de imitação, dos quais acabaram por desprender-se as representações puras.

A representação não foi uma espécie de luxo em face do real, uma simples consciência contemplativa do mundo. Ela foi como que um protótipo voluntarista das coisas. As coisas tal como era necessário que existissem, tal como deviam ser modificadas em vista das necessidades coletivas e pela vontade do grupo. O protótipo, portanto, não é o simples decalque das coisas, ele é como que a razão viva delas. A questão de saber se nossas representações são inicialmente individuais ou gerais está mal colocada. Na medida em que elas são primeiro a vontade de uma certa realidade, elas são anteriores ao individual e o ultrapassam. Mas elas também não são o geral, pois não têm nada de abstrato. Elas são a vontade de uma coisa bem individual e concreta, mas uma vontade ou uma expectativa capaz de ultrapassar cada uma de suas eventuais realizações. A representação começa por referir-se não ao geral, mas ao genérico. Não é uma abstração que conviria a uma série de objetos desprovidos de suas caraterísticas estritamente individuais. É uma existência em potência, ou seja, o contrário de uma abstração.

No início, como mostra o exemplo dos primitivos, era completa a identidade entre a ideia, a representação, o simulacro e seu poder sobre as coisas ou os acontecimentos. O desdobramento no início não foi total. Mesmo quando a imagem já estava separada do real, persistia um laço não apenas de existência, mas também de criação. Um vestígio disto continua evidente no estágio das ideias platônicas. Algo disto persiste ainda hoje no sistema de nossas ideias. O que é, portanto, a ciência atual senão, em certa medida, a criação de seu objeto? Como nos mostra Bachelard, o elétron sempre existiu. Mas as técnicas surgidas de nossas elaborações científicas extraíram dele efeitos totalmente novos, fazendo-o passar através de nossas lâmpadas tríodas, que o transformam em som.

Numa forma perfeitamente concreta, porque instrumental, pode-se demonstrar assim a relação estreita entre nossos pensamentos e seu objeto. Os pensamentos tendem a reproduzir o objeto. No início isto acontece por acomodação do próprio corpo, depois por simulacros e, muito mais tarde, com a ajuda de técnicas científicas. O objetivo é sempre reproduzir, realizar, criar. O meio é sempre a representação, solidária com o mito inicialmente, e com as técnicas experimentais e científicas depois. Ela corresponde, sob estas formas diversas, a uma mesma necessidade de figuração em vista da ação.

As relações entre a imagem e o objeto reaparecem entre a imagem e o conceito. Também aqui acontecem discussões fúteis sobre a oposição entre o concreto e o abstrato, entre o individual e o geral. São distinções estáticas que isolam, por uma espécie de dissecação morta, os momentos indissolúveis do ato intelectual. Imagens e conceitos implicam-se mutuamente. Estão em potência um no outro. O vaivém do pensamento entre imagem e conceito não é um verdadeiro deslocamento, é uma série de orientações complementares. O lado imagem é o apoio do pensamento sobre o aspecto sensorial ou material das coisas. O lado conceito é o apoio do sensorial sobre o princípio das coisas, sobre aquilo que ultrapassa a aparência momentânea destas e as faz existir. Também aqui é o genérico que leva ao geral. Apegar-se ao geral é o estado de um pensamento que já não é mais pensamento vivo. Limitar-se à enumeração dos objetos que entram no conceito é adotar uma hierarquia donde foi eliminada a força investigadora e criadora que leva a inteligência para o real. Conceito de lógico, mas não conceito com significado naturalista e psicológico.

Estas relações entre a imagem e o real, entre a imagem e o conceito, entre o conceito e o real estão nos antípodas do pensamento dado como decomponível em imagens e da vida mental como constituída por combinações de imagens. No amplexo que acontece entre a atividade psíquica e as coisas, fazendo com que as coisas existam para o sujeito, há um momento em que o estágio puramente sensório-motor do amplexo é ultrapassado por um amplexo mental. Inicialmente voluntarista e ritual, este amplexo tornou-se instrumental e científico. Posteriormente foi delimitado com marcos sensoriais e simbólicos. Com efeito, à medida que se ampliava o circuito da atividade e esta deixava de ser pura reação muscular às excitações atuais, impunham-se a ela termos novos, para substituí-los às incitações diretas do meio. Estes marcos podem ter sido simulacros destinados a introduzir na situação presente fatores momentaneamente ausentes e, pouco a pouco, puderam tornar-se meios de evocação com semelhança menos imediata com as coisas.

Falar de evocação é necessariamente abrir caminho para a linguagem. Com efeito, nos primitivos as cenas rituais com simulacros eram sempre acompanhadas de palavras mágicas e de narrações. Sem dúvida, estando a atividade total dos indivíduos interessada na cena ritual, a palavra, que é uma parte essencial dela, devia ali manifestar-se. Mas, como gesto de ação, a palavra é tão imediata como o movimento dos membros. Sua utilidade chegou até a preceder, na criança, a utilidade dos gestos voltados para o mundo físico. A palavra é o apelo à colaboração dos outros. Em todos os seus níveis ela é realidade social. Ela contém em si a evocação de todos os recursos, de todas as capacidades, de todas as aquisições sociais. É realidade da mesma maneira que todos os instrumentos de que nos servimos para modificar materialmente as coisas. Aliás, a palavra não é distinta desses instrumentos; ela contribui para sua existência na medida em que eles são moldados por outra coisa que não apenas as necessidades do momento ou o simples empirismo das situações costumeiras.

A palavra não apenas conclama os outros à atividade; ela vivifica a atividade de cada um através da experiência e do saber coletivos. A palavra é, como se diz, o símbolo das coisas. Ela começa por ser uma realidade, porque é um ato que recebe a marca das coisas e imprime nelas a sua marca, da mesma forma como o gesto que modifica as coisas e se modifica ao contato com elas. Ela é tão indispensável à atividade mental como a coisa, não tem uma realidade menor do que a coisa. Não ver na palavra senão o símbolo da coisa é ainda efetuar uma dissecação que priva a atividade mental de sua verdadeira vida. A palavra, como o gesto, pode ter uma dupla finalidade: provocar uma modificação do mundo exterior suscitando nele uma ação e fazer ressoar em si o mundo exterior por uma espécie de mimetismo plástico.

Também aqui observa-se a mesma mistura entre oposição e solidariedade como entre a imagem e o conceito. Quanto mais sensorial parece a imagem, tanto mais está voltada para a coisa. Ligado aos princípios de intelecção através dos quais a mente vivifica a realidade, o conceito parece mais próximo do verbo: seu suporte, seu instrumento de ação é a linguagem. Sem dúvida, a linguagem é feita de símbolos, mas os símbolos são em certo sentido aquilo que há de mais real nas coisas, porque formulam as razões de existência das coisas. Assim, para os racionalistas os princípios intelectuais tinham não apenas mais verdade, mas também mais realidade do que as coisas sensíveis. Da mesma forma, o físico acredita mais na realidade do átomo do que em suas impressões sensoriais, porque com o átomo ele explica os efeitos de que as coisas são a sede e é desta explicação que ele adquire sua capacidade de modificá-las.

Mas, ao mesmo tempo que oposição, existe também solidariedade. O átomo não adquire sua realidade senão das medidas que ele permite verificar no mundo sensível e que dizem respeito também a ele próprio. Também a própria palavra nada é se ela não implicar a todo instante a imagem das coisas e o possível retorno à realidade sensível delas, onde ela recebe sua justa medida. Pela palavra e pelo conceito efetua-se a copenetração recíproca entre a experiência individual e a experiência coletiva. Não existe conceito, por mais abstrato que seja, que não implique alguma imagem sensorial, e não existe imagem, por mais concreta que seja, que não tenha por base uma palavra e que não faça entrar os limites do objeto nos limites da palavra: é neste sentido que nossas experiências mais individuais já são moldadas pela sociedade.

A idade da palavra é marcada por uma mudança nas aptidões práticas da criança. A palavra ainda não teve o tempo de servir aos progressos do pensamento discursivo da criança nem de fornecer- lhe os signos nos quais ela encontrará o meio de fixar a individualidade de cada objeto, enumerando os efeitos ou as qualidades que nele se reúnem, e ao mesmo tempo contrapor-lhe as variações destes efeitos e os graus destas qualidades, e já as relações da criança com as coisas a mostram pronta a descobrir entre estas a ordem de sucessão ou de série que seja capaz de uni-las, em vez de pura e simplesmente constelá-las segundo as exigências e os objetivos particulares de sua própria atividade. Disto é preciso concluir que a palavra é menos a causa deste progresso do que sua consequência. As condições que a palavra tem em comum com esta nova aptidão as contrapõem, tanto a palavra como a atividade da criança, às formas anteriores da inteligência. E, no entanto, elas mesmas não deixam de ter condições comuns com estas formas.

De orientação inversa, a inteligência discursiva e a inteligência das situações, embora operando uma no plano da representação e dos símbolos e a outra no plano sensório-motor, uma por momentos sucessivos e a outra por apreensão e utilização globais das circunstâncias, supõem ambas, no entanto, a intuição de relações que têm o espaço como terreno necessário. Mas do ato motor à representação houve transposição, sublimação desta intuição que, de incluída nas relações entre o organismo e o meio físico, se tornou esquematização mental. A evolução ocorrida entre o ato e o pensamento explica-se simultaneamente pelo oposto e pelo mesmo.

Conecte-se conosco:

 facebook.com/editoravozes

 @editoravozes

 @editora_vozes

 youtube.com/editoravozes

 +55 24 2233-9033

www.vozes.com.br

Conheça nossas lojas:

www.livrariavozes.com.br

Belo Horizonte – Brasília – Campinas – Cuiabá – Curitiba
Fortaleza – Juiz de Fora – Petrópolis – Recife – São Paulo

EDITORA VOZES LTDA.
Rua Frei Luís, 100 – Centro – Cep 25689-900 – Petrópolis, RJ
Tel.: (24) 2233-9000 – E-mail: vendas@vozes.com.br